W0087850

Werner Koczwara

Am achten Tag schuf Gott den Rechtsanwalt

Für Reinhard Koczwara

Werner Koczwara

Am achten Tag schuf Gott den Rechtsanwalt

Bassermann

ISBN: 978-3-8094-4649-1

1. Auflage
© 2023 by Bassermann Verlag, einem Unternehmen
der Penguin Random House Verlagsgruppe GmbH,
Neumarkter Straße 28, 81673 München

Copyright der Taschenbuchausgabe © 2012 by Wilhelm Heyne Verlag,
einem Unternehmen der Penguin Random House Verlagsgruppe GmbH,
Neumarkter Straße 28, 81673 München
Copyright der Originalausgabe © 2010 by
Verlag Antje Kunstmann GmbH, München

Bildnachweis: Adobe Stock/drutska Seite 28
Umschlaggestaltung: Atelier Versen, Bad Aibling
Satz: Leingärtner, Nabburg
Druck und Bindung: GGP Media GmbH, Pößneck
Printed in Germany

Penguin Random House Verlagsgruppe FSC® N001967

Inhalt

Das Vorwort

Dies ist ein Buch über deutsche Gesetze und Paragrafen. Also ein Thema, das wie kein anderes für große Unterhaltung und unbeschwertes Lachen steht.

Kein anderes Volk der Welt hat sich derart viel Ordnung ausgedacht. Wir sind Paragrafenweltmeister. Und wo viel Ordnung ist, ist zwangsläufig viel Komik.

Denken wir nur an den Hausmeister, der – mit der Hausordnung unterm Arm – auf Patrouille durchs Treppenhaus geht. Was für eine begnadete Witzfigur!

Die Hausordnung umfasst Tausende von Vorschriften. Wer sich der deutschen Ordnung unter dem Aspekt der schieren Komik nähert, stößt daher auf einen gigantischen Schatz. Eine Goldküste der Komik. Ein Pointen-Eldorado. Wir Deutschen, im Ruch der Humorlosigkeit stehend, sitzen auf einem Goldschatz an Humor, nämlich unserem Recht. Über viele lange Jahre hinweg ist dieser Schatz zusammengetragen worden, er muss nur gehoben werden!

Der Anwalt

AMERIKANISCHE WISSENSCHAFTLER haben festgestellt:
In zwei Millionen Jahren gibt es auf der Erde nur noch
zwei Lebensformen: Termiten und Rechtsanwälte. Termiten und Rechtsanwälte sind ganz einfach auseinanderzu-
halten. Das eine sind diese enorm gefräßigen, nimmersat-
ten Dinger, das andere so kleine weiße Ameisen.
Der Unterschied zwischen diesen beiden Spezies ist übri-
gens nicht sehr groß. Egal, welche der beiden uns befällt,
anschließend ist immer das halbe Haus weg.
Worum also geht es?
Es geht im Großen um Anwälte und im Ganzen um die
Justiz.
Für all jene, die davon nichts verstehen, hier ein kurzer ju-
ristischer Crashkurs:
Es gibt Polizisten, Richter, Gefängnisaufseher. Das sind die
Guten. Und es gibt Diebe, Räuber, Betrüger. Das sind die
Bösen.
Der Anwalt steht exakt zwischen diesen zwei Gruppen. Er

unterscheidet nicht zwischen Gut und Böse. Das heißt, er steht auf einer Stufe mit dem Tier.

Das ist vielleicht ein bisschen derb formuliert, man kann es auch geschmeidiger ausdrücken:

> *Die Linie, die zwischen Gut und Böse steht,*
> *das ist der Strich, auf den der Anwalt geht.*

Ansonsten ist über diesen Berufsstand herzlich wenig bekannt, nur so viel kann als gesichert gelten: Der Anwalt ist Warmblüter und lebendgebärend. Durchaus menschliche Züge also, auch wenn's in einem arabischen Sprichwort heißt: »Der Anwalt ist nur das Kamel, auf dem der Geschäftsmann durch die Wüste reitet.«

Der Anwalt ist heute notwendiger denn je. Man sieht's ja schon daran: Wer im Leben alles falsch macht, der muss hohe Strafen zahlen. Wer hingegen im Leben alles richtig macht, der muss hohe Steuern zahlen. Und herauszufinden, was jetzt für den Einzelnen das bessere Modell ist, dabei helfen Anwälte.

Ich möchte daher zunächst mal mit einem verbreiteten Vorurteil aufräumen. Juristen sind gar nicht so. Juristen sind ganz normale Menschen. Es ist ja oft so: Man sieht irgendjemanden und sagt dann: »Guck mal, der da drüben, das ist mit Sicherheit ein Jurist.« Aber das ist völliger Quatsch. Es hat zum Beispiel mal ein Schwerverbrecher jahrelang direkt neben einem Juristen gewohnt, und der

Schwerverbrecher hat später gesagt: Das war ein ganz normaler Nachbar, höflich, zuvorkommend; er habe nie und nimmer vermutet, dass das ein Jurist sei.

Also: Juristen sind ganz normale Zeitgenossen. Die wollen einfach zufrieden leben und alt werden. Der älteste lebende Jurist ist übrigens 104 Jahre alt. Respekt! Das ist so schon ein stolzes Alter. Aber in Menschenjahren sind das ja über 125! Wir wollen im Folgenden versuchen, dem edlen Berufsstand des Juristen etwas von seinem alten Glanz und seiner Würde zurückzugeben. Denn die Juristerei ist eine großartige Geistesdisziplin. Aber wo und wann hat der Spaß eigentlich angefangen?

Nun, genau weiß man's nicht. Vielleicht schon bei den Frühmenschen. Wir erinnern uns: Unsere Vorfahren lebten in Höhlen und sahen alle ein bisschen aus wie der unrasierte Didi Hallervorden. Man hat übrigens auf Papua-Neuguinea einen Stamm Urjuristen entdeckt. Juristen, die seit Jahrhunderten völlig abgeschnitten von der Zivilisation sind. Hier trifft man Juristen in ihrer ursprünglichen, natürlichen Form: Sie tragen Roben aus Kuhhäuten und Krawatten aus Zedernrinde. Die gegnerische Partei jagen sie noch mit dem Speer. Die Sprache ist auf die juristischen Grunzlaute reduziert, also »Vorschuss«, »Fristverlängerung« und »Rechtsschutzversicherung«.

Der Urjurist steht bereits im Morgengrauen auf, studiert ein paar Holztafel-Schriftsätze und geht dann in den Wald, um Klienten zu fangen. Er hebt dazu eine Erdgrube aus und bedeckt sie mit losem Blattwerk. Deswegen nennt man Gesetzestexte ja bis heute noch »Loseblattsammlungen«. Fällt ein Klient hinunter, dann tritt der Anwalt aus dem Gebüsch und beschwatzt ihn mit losem Mundwerk. Also ein Ritual, das sich in ähnlicher Form ebenfalls bis heute gehalten hat. Dieses aktuelle deutsche Recht indes geht nicht zurück auf Papua-Neuguinea, sondern auf das Römische Reich.

Die alten Römer haben uns wunderbare Sachen gebracht, außer dem Recht übrigens auch die Unterhaltungsshows, Comedy im großen Rahmen. Im Colosseum gab es zwischen den Gladiatorenkämpfen immer Unterhaltungsblocks. Man hat ein paar Gehbehinderte mitsamt den Krücken in die Arena geworfen, und die Versuche dieser Krüppel, vor den Löwen davonzuhumpeln, fanden die Römer sensationell komisch. Das war der Beginn von Comedy. Und das ist keine schlechte Tradition! Denn wenn ich mir heute Comedy anschaue, dann frage ich mich immer öfter: Wann kommt endlich der Löwe?

Im Gedenken an diese schöne Tradition beschäftigen wir uns ein wenig mit Gesetzen und Paragrafen. Einige nennen das Juristerei, andere die größte Verschwendung menschlicher Intelligenz *außerhalb* einer Werbeagentur.

Betrachten wir das Recht zur besseren Orientierung einfach als eine Stadt.

Dementsprechend ist dann das Grundgesetz der Bahnhof, wo man ankommt.

Das Reiserecht ist das Vergnügungsviertel.

Das Strafrecht ist das Elendsviertel.

Das Kriegsrecht ist das Bankenviertel.

Und das Verwaltungsrecht ist der Friedhof.

Wir werden natürlich die ganze Stadt besichtigen, aber uns vorwiegend im Vergnügungs- und im Elendsviertel aufhalten.

Die Gesetze

DIE GESETZE sind sozusagen die Bedienungsanleitung für den Rechtsstaat. Und wie jede Bedienungsanleitung ist auch diese für den Laien komplett unverständlich. Man kennt das von IKEA. Da kauft man einen Tisch, baut ihn gemäß der Bedienungsanleitung stundenlang auf und merkt nach sechs Wochen, dass das eigentlich ein Regal ist. Deswegen braucht man Fachleute, die bereits an wenigen Anhaltspunkten erkennen: Das da ist ein Tisch, und das ist ein Regal. Oder, anderes Beispiel: Sie haben einen Kaktus gekauft, stellen ihn gemäß der beiliegenden Beschreibung daheim aufs Fensterbrett, und der Kaktus fängt dann plötzlich an wegzurennen. Da holen Sie natürlich einen Fachmann, und der stellt dann fest: Der Kaktus ist kein Kaktus, sondern der Kaktus ist ein Igel. Und das ist schon mal die erste Botschaft, damit liegt man niemals falsch: Ein Kaktus, der wegläuft, ist immer ein Igel.

Das ist allerdings eine Aussage, die kein Jurist unterschreibt. Denn ein Jurist würde den Vorfall weiterdenken

und einen Paragrafen draus machen, nämlich folgendermaßen:

 (1) Ein Kaktus, der wegläuft, ist ein Igel.
(2) Ein Kaktus, der nicht wegläuft, ist entweder ein
Kaktus oder ein schlafender Igel.
(3) Hält dieser Zustand dauerhaft an, ist es entweder
ein Kaktus oder ein toter Igel.
(4) Sollte es sich bei dem bewegungsunfähigen Kaktus tatsächlich um einen toten Igel handeln,
bleibt die weitere Verwendung des toten Igels
als Kaktus dem Besitzer unbenommen.

Damit wäre rechtlich geklärt: Man kann einen toten Igel
durchaus als Kaktus aufs Fensterbrett stellen.
Aber blicken wir zurück auf die Anfänge des Rechts. Es
gibt eine gewisse Methode, Fragen zu stellen, die beginnt
meist mit den einführenden Worten: Was, glauben Sie, war
zuerst da? Also beispielsweise Huhn oder Ei, Kaulquappe
oder Frosch, Lohnsteuer oder Finanzamt, Urlaubsfoto
oder Sonnenuntergang?
Und vor allem auch jene Frage, die uns nun im Folgenden
beschäftigen soll: Was war zuerst da, das Verbrechen oder
das Gesetz? Wir schlagen nach beim Großen Apfelraub
unter Genesis 2:14:

Gott der Herr nahm den Menschen und sprach: Von allen Bäumen des Gartens darfst Du essen, nur vom Baum der Erkenntnis darfst Du nicht essen. Doch die Frau sah, dass es köstlich wäre, von dem Baume zu essen, und also nahm sie von seinen Früchten und aß. Und sie gab auch ihrem Manne, der bei ihr war, und auch er aß.

Soweit also der Tathergang. Angesichts dieser exakten Schilderung dürfte nun selbst dem juristischen Laien einleuchten, dass am Anfang also keinesfalls die Straftat stand, sondern ganz eindeutig das Gesetz. Denn die Aneignung des Apfels wurde ja erst dadurch zum Delikt, dass Gott zuvor in einer mündlichen Zusatzvereinbarung zum gültigen Mietvertrag das unerlaubte Entwenden eines Apfels stillschweigend als Kündigungsgrund festgelegt hatte.

Nun ist es allerdings so, dass derjenige, der ein Verbot verhängt, insgeheim auch davon ausgeht, dass gegen dieses Verbot auch irgendwann einmal verstoßen wird. Hieraus nun aber folgt, dass Gott unseren Rausschmiss aus dem Paradies provoziert hat. Warum? Ich befürchte, damit wären wir beim Eigenbedarf.

Es lässt sich natürlich im Nachhinein schwer feststellen, wofür der himmlische Vater den paradiesischen Wohnraum so dringend benötigt hat. Gut, er hat dann ja eine kleine Familie gegründet, aber das war doch deutlich später. Aber vielleicht hat der Herr einfach sehr frühzeitig erkannt, welche Probleme es bereiten kann, als Alleinerziehender eine passable Wohnung zu kriegen.

Gott also schuf das erste Gesetz und Eva das erste Verbrechen.

Kann man Eva einen Vorwurf machen? Keinesfalls! Jeder von uns hätte genauso gehandelt. »Vom Baum der Erkenntnis darfst Du nicht essen.« Das saß und hat schwer genagt: Vom Baum der Erkenntnis nicht naschen? Und was, wenn ich's doch mache? Denn der Herr hatte in der Eile ja die Strafandrohung vergessen. Vom Rauswurf aus dem Paradies war ja nirgends die Rede! Es hätte ja auch auf Bewährung rauslaufen können. Wer einem Kleinkind verbietet, von der Schokolade zu naschen, aber vergisst, Stubenarrest anzudrohen, darf sich nicht wundern, wenn am nächsten Tag die Tafel weggefressen ist.

Aber verweilen wir noch ein wenig bei der Bibel. Denn die Gesetzgebung des Herrn wird nun etwas undurchsichtig. Da erschlägt der Kain den Abel, weil dessen Rauch zum Himmel aufsteigt. Was der Herr aber überraschenderweise nicht im Geringsten ahndet. Wir erinnern uns: Apfeldiebstahl wird mit Rauswurf aus dem Paradies geahndet, Brudermord hingegen überhaupt nicht.

Vielleicht war der Herr in diesem Moment etwas unaufmerksam, weil er gerade mit dem Verfassen der Zehn Gebote beschäftigt war. Und zwar in doppelter Ausfertigung. Zum einen am Berge Sinai in der Kurzfassung (für ein juristisches Standardwerk überraschenderweise ohne Vorwort und Abkürzungsverzeichnis). Der Herr hat sich damals weitsichtig mit zehn Steintafeln begnügt. Schließlich wollte er, dass Moses hinterher noch durchs Rote Meer geht und nicht zum Orthopäden. Mit so einer Art frühtestamentarischem Bandscheibenvorfall.

Wer die Bibel indes etwas genauer liest, stellt fest: Die Zehn Gebote gibt es zweimal. Erstens in der erfrischenden Kurzfassung am Berge Sinai, und ein paar Seiten später kommt dann in der Bibel die »extended version«, also die Zehn Gebote plus die Durchführungsbestimmungen. Das liest sich dann doch eher ernüchternd. Das fünfte Gebot lautet dann nicht mehr hell und klar: »Du sollst nicht töten«, sondern eher schwammig »Du sollst nicht töten, außer...« – und dann geht es seitenlang um Ausnahmeregelungen. Diese juristische Methode hat sich bis heute gehalten. Wir lesen zum Beispiel im Strafgesetzbuch § 180 »Die Ausbeutung von Prostituierten ist verboten.« Klingt verbindlich. Aber wer sich jemals nachts in einem deutschen Bahnhofsviertel herumgetrieben hat, der weiß, dass es diesem Paragrafen in der Praxis an einer gewissen Ernsthaftigkeit mangelt. Stattdessen regieren de facto die Sonderregelungen der Sperrbezirke. Dann ist man gesetzgeberisch im Rotlichtviertel moralisch im grünen Bereich. (Ähnlich gelagert: Diebstahl ist verboten. Legalisierte Ausnahme: die Kapitallebensversicherung.)

Nun zum nächsten Kapitel, in welchem wir das juristische Handwerkszeug betrachten. Dicke, schwere, rote Bücher. Sie bestehen inhaltlich aus 80 Prozent Crime, 10 Prozent Sex, 10 Prozent unfreiwilligem Humor und null Prozent Handlung – also von der Zusammensetzung her exakt wie der große Sat.1-Samstagabendfilm.

Das Handwerkszeug

Schauen wir uns also nun ein paar Bücher an, die uns bei unserer Besichtigungstour begleiten werden. Da haben wir zuallererst mal folgendes Bändchen: den Schönfelder.

Der Schönfelder wiegt exakt 2385 Gramm und geht auf den Juristen Dr. Heinrich Schönfelder zurück. Diesem Herrn war es eines Tages *derart* langweilig, dass er sich die Frage stellte: Wie viel Paragrafen passen eigentlich zwischen zwei Buchdeckel? Also so eine Art juristisches Gänsestopfen.

Der Schönfelder ist die berühmteste deutsche Gesetzessammlung seit Erfindung des Dünndrucks. Ja, die Seiten sind wirklich unvorstellbar dünn. Also ungefähr so wie die

Gratiswurstscheiben für Kinder in schwäbischen Metzgereien.

Quatsch, war nur Spaß! So dünn sind die Seiten nun auch wieder nicht.

Um mal kurz die Fülle des Textes zu veranschaulichen:

▮

Bis hier, die zwei Millimeter, das entspricht ungefähr Tolstois *Krieg und Frieden*.

▮▮▮▮▮▮▮▮

Bis hier, das wären so grob die Telefonbücher sämtlicher deutscher Großstädte

▮▮▮▮▮▮▮▮▮▮▮▮▮▮▮▮▮▮▮▮▮▮▮

Dann haben wir bis hier entsprechend den großen *Brockhaus* in 1200 Bänden

▮▮

Und der dicke Rest bis zum Schluss, das sind die deutschen Vorschriften zur Steuervereinfachung.

Der Schönfelder hat noch ein Geschwisterchen, den

SARTORIUS – DEUTSCHE VERWALTUNGSGESETZE. Der wiegt ungefähr genau so viel wie der Schönfelder, dient also in erster Linie als Ausgleichballast und sorgt für die notwendige Stabilität, wenn der Anwalt zum Gericht um die Ecke muss. Das erspart den Überrollbügel.

Man hat errechnet, dass ein Jurist bis zum Referendariat in

Kilopond/Joule so viel leistet wie ein Schmied bis zur Meisterprüfung. Oder ein Lehrer bis zur Pensionierung. Anatomische Vermessungen haben außerdem ergeben: Wegen der ständigen Belastung durch Schönfelder und Sartorius sind die Arme des Juristen im Schnitt zwei Zentimeter länger als beim Durchschnittsmenschen. Es gilt die Faustregel: Je länger die Arme, desto windiger der Jurist. Einen richtig durchtriebenen Anwalt erkennt man zum Beispiel daran, dass er einem Bettler ein Geldstück aus dem Hut nehmen kann, *ohne* sich zu bücken.

Schönfelder und Sartorius, das sind fast fünf Kilo Gesetze für lumpige 64 Euro, das kann ich jedem nur dringend empfehlen. Zwei vielseitig verwendbare Werke. Der Sartorius eignet sich zum Beispiel auch ganz hervorragend als Einschlafhilfe: Drei Flaschen Bier und zwei Verwaltungsparagrafen, da ratzen Sie durch wie halb tot. Und das völlig ohne Nebenwirkungen.

Oder der Schönfelder mit den einschlägigen Paragrafen des Strafgesetzbuches rund um die beliebtesten Kapitalverbrechen – Mord, Totschlag, Leichenfledderei –, das ist ein erstklassiger Appetitzügler.

Man bekommt diese Bände in jeder Buchhandlung – mit einigermaßen ordentlicher Statik. Man erkennt sie schon von Weitem an den leuchtend roten Umschlägen. Da hat sich der Verlag einen kleinen Scherz erlaubt und sich gesagt: Deutsche Gesetze in den Farben des Sozialismus –

damit locken wir Linksradikale an und machen sie in zwölf Semestern zu anständigen Leuten.

Das sind die beiden Standardwerke für das ganze juristische Leben. Entsprechend aufwendig sind sie auch verarbeitet: innen Papier, ein Metallbügel, außen Plastik. Das heißt, Sie brauchen *drei* verschiedene Container, bis sie das Ding ordnungsgemäß entsorgt haben. Und da haben wir jetzt noch gar nicht das Problem der Gummiparagrafen berücksichtigt.

Man könnte auch sagen: Bumerangparagrafen. Denn Schönfelder und Sartorius sind Loseblattsammlungen, die vom Verlag ständig und meist unaufgefordert aktualisiert werden. Das bedeutet: Man reißt im Zorn zwei Seiten raus und hat am nächsten Tag zwanzig neue im Briefkasten liegen. Diesen Vorgang kennen wir ja auch aus der griechischen Mythologie: Da haut man dem Monster *einen* Kopf ab, und es wachsen sofort drei neue nach.

Wie viele Paragrafen exakt allein im Schönfelder stehen, weiß niemand. Es gibt aber ein paar Methoden, wie man es zumindest annäherungsweise herausbekommt. Genau betrachtet sind es insgesamt drei Methoden:

1. DIE STREICHHOLZMETHODE.

Wir nehmen *ein Blatt* aus dem Schönfelder; da stehen im Schnitt zehn Paragrafen drauf. Dann zünden wir das Blatt an und schauen, wie lang es dauert, bis es komplett verbrannt ist. Dann zünden wir den *ganzen* Schönfelder an und schauen, wie lang es dauert, bis auch er ein hübsches Aschehäufchen geworden ist. Und nun eben das Ganze in einem einfachen Dreisatz: Wenn zehn Paragrafen in, sagen wir, drei Sekunden verbrennen, wie viel Paragrafen müssen es dann sein, wenn der ganze Schönfelder fünftausend Stunden lang vor sich hin kokelt?

Oder Nummer 2, die sogenannte PUZZLEMETHODE.
Wir nehmen wieder ein Blatt, schneiden es mit der Schere auseinander und kleben es anschließend wieder richtig zusammen. Dann nehmen wir eine Axt, hauen den ganzen Schönfelder kurz und klein und kleben ihn anschließend wieder korrekt zusammen. Nun der Dreisatz: Wenn wir für zehn Paragrafen dreißig Minuten benötigen, wie viel Paragrafen müssen es dann sein, wenn wir zwölf Monate damit beschäftigt sind, den ganzen Schönfelder wieder zusammenzupfriemeln?

Und schließlich 3: DIE HAUFENMETHODE.
Das ist etwas für Leute, die richtig viel Zeit haben. Wir nehmen unser Blatt, legen es auf den Komposthaufen und schauen, wie lange es dauert, bis Humus daraus geworden ist. Dann werfen wir den ganzen Schönfelder auf den Haufen und warten in aller Ruhe ab, bis er restlos verkompostiert ist und so weiter und so fort …

Wenn Sie also mal jemanden sehen, der seinen Schönfelder anzündet, mit der Axt zerhackt oder auf den Kompost wirft, denken Sie sich nichts Böses dabei. Da wird nur etwas nachgerechnet!

Das BGB

Es ist das meistverkaufte deutsche Buch: das BGB, das Bürgerliche Gesetzbuch. Seit Jahren führt es unangefochten die Bestsellerlisten als Longseller an. Jedes Jahr werden davon circa 100.000 Exemplare verkauft. Jahr für Jahr. Die Auflage geht in die Millionen. Umso erstaunlicher, dass es der Verlag bei diesem einen Buch belässt und an diesen Erfolg nicht anknüpft mit Kassenschlagern wie:

Das noch bürgerlichere Gesetzbuch
Das bürgerlichste Gesetzbuch aller Zeiten
Das bürgerliche Gesetzbuch für Frauen
Das BGB für Frauen, die zu sehr lieben
Kochen mit dem BGB
Wandern mit dem BGB

Wo bleibt die Hör-CD?
Ben Becker liest das BGB[1]
Und die Verfilmung?
007 und der Mann mit dem goldenen BGB

Das BGB ist eines der grandiosesten Werke der Rechts-geschichte. Es finden sich darin die leistungsfähigsten Para-grafen, die dieses Land je hervorgebracht hat. Das BGB ist die Bundesliga der Paragrafen. Von der Geburt bis zum Tod ist darin alles geregelt. Leider sind einige Paragrafen etwas schwer verständlich. Zum Beispiel §164 BGB:

§ Tritt der Wille, in fremdem Namen zu handeln, nicht erkennbar hervor, so kommt der Mangel des Willens, im eigenen Namen zu handeln, nicht in Betracht.

Aha. Könnten wir das sicherheitshalber noch mal hören? Selbstverständlich, kein Problem. Bitte sehr:

§ Tritt der Wille, in fremdem Namen zu handeln, nicht erkennbar hervor, so kommt der Mangel des Willens, im eigenen Namen zu handeln, nicht in Betracht.

Wir können das jetzt noch ein paar Mal wiederholen – der Paragraf wird trotzdem nicht verständlicher.
Glauben Sie nicht? Na gut, hier kommt er schon wieder:

§ Tritt der Wille, in fremdem Namen zu handeln, nicht erkennbar hervor, so kommt der Mangel des Willens, im eigenen Namen zu handeln, nicht in Betracht.

Auch nach dem dritten Mal Lesen: Das bleibt Geheimsprache. Das ist derart Geheimsprache, das verstehen nicht mal Juristen. Ein immerhin sechzigjähriger Jurist hat mir glaubhaft versichert, dass er zwar weiß, was mit diesem Paragrafen gemeint ist, dass er ihn aber trotzdem nicht versteht. Das ist ein bisschen wie Quantenphysik. Aber kommen wir zur Sache.

Folgendes ist gemeint:

In Ihrer Mietwohnung läuft Wasser aus der Wand. Sie rufen den Vermieter an, auf dass dieser einen Klempner vorbeischickt. Der Vermieter sagt: Ich bin grad auf den Sprung in den Urlaub, veranlassen Sie bitte alles Notwendige, das geht dann schon in Ordnung. Wenn Sie daraufhin den Klempner anrufen, müssen Sie ihm nicht ausdrücklich mitteilen, dass nicht Sie, sondern der Vermieter die Rechnung bezahlt.

Das ist der Vorgang. Und der Gesetzgeber meint eben, dass man das am einfachsten so formuliert:

§ Tritt der Wille, in fremdem Namen zu handeln, nicht erkennbar hervor, so kommt der Mangel des Willens, im eigenen Namen zu handeln, nicht in Betracht.

Man kann grübeln, so viel man mag: »Der Wille … der fremde Namen … der Mangel des Willens … im eigenen Namen … nicht in Betracht …«???????

Es bringt nix. Dunkel bleibt der Rede Sinn. Der Paragraf erinnert den Laien ein bisschen an das hier:

𒐗 𒌷 𒁹 𒀸 𒋻 𒉿 𒌋 𒐖 𒁹 𒌍 𒈫

Auch hier waren Fachleute jahrzehntelang beschäftigt, bis sich der Inhalt des Geschriebenen zur Gänze erschloss.
Blättern wir nun im BGB entschlossen eine Seite weiter und hoffen auf neue, tief gehende Erkenntnisse. Forsch voran daher mit § 166, Absatz 1:

§ Soweit die rechtlichen Folgen einer Willenserklärung durch Willensmängel oder durch die Kenntnis oder das Kennenmüssen gewisser Umstände beeinflusst werden, kommt nicht die Person des Vertretenen, sondern die des Vertreters in Betracht.

Verstanden? Nicht? Was ist los? In dem Satz ist doch kein einziges Fremdwort drin!
Nun gut, da scheinen bei einigen doch noch Fragen offen zu sein, deswegen zur Verdeutlichung noch Absatz 2:

§ Dasselbe gilt von Umständen, die der Vollmachtgeber kennen musste, sofern das Kennenmüssen der Kenntnis gleichsteht.

Ich bin mir nicht sicher, ob jeder jetzt spontan sagen kann, ob er schon mal gegen diesen Paragrafen verstoßen hat. Jetzt horchen Sie einfach mal tief in sich hinein und fragen Sie sich:

War ich schon mal in Bedrängnis,
wo ich etwas kennen musste,
doch vom Kennenmüssen dieser Kenntnis
ich als Laie ja nichts wusste?

Also im BGB ist nicht alles auf Anhieb komplett zu verstehen. Sie kennen ja alle die berühmte Frage: Was ist der Unterschied zwischen dem BGB und der Bibel? Die Bibel wurde ins Deutsche übersetzt. Erinnern wir uns: So um das Jahr 1500 herum kam ein gewisser Martin Luther auf die gute Idee, die Bibel ins Deutsche zu übersetzen und dadurch für die breite Masse verständlich zu machen. Beim BGB hingegen ist man den genau umgekehrten Weg gegangen. Fort vom Verständnis, hin zum Kennenmüssen der Kenntnis.

Gut, bei der Bibel hat es bis zur ersten Übersetzung auch immerhin fast 1200 Jahre gedauert. Das bedeutet umgerechnet für das BGB: So um das Jahr 3100 herum müsste erstmals eine allgemein verständliche Ausgabe vorliegen.

Wenn Sie sich mit dem BGB beschäftigen, vergessen Sie bitte alles, was Sie über Sprache wissen, das wäre hier nur hinderlich. Man vermutet, dass es sich hier um das erste fehlgeschlagene Genexperiment handelt: Bei dem Versuch, das Alphabet mit einem Labyrinth zu kreuzen, ist das BGB herausgekommen. Man muss dabei auch die enorme technische Leistung beachten: Das BGB wurde bereits vor über hundert Jahren geschrieben und war damals schon besser verschlüsselt als heutzutage Pay-TV.

Und der Anwalt ist der gebührenpflichtige Decoder. Sie sehen: Das alles ist von langer Hand ziemlich geschickt eingefädelt.

Gut, ein paar verständliche Paragrafen gibt es natürlich durchaus auch. Zum Beispiel § 919 BGB:

§ Der Eigentümer eines Grundstückes kann von dem Eigentümer eines Nachbargrundstücks verlangen, dass dieser zur Errichtung fester Grenzmarkierungen mitwirkt, wenn ein Grenzstein unkenntlich gemacht oder verrückt geworden ist.

Wenn ein Grenzstein verrückt geworden ist!

Wenn Sie also demnächst einen Grenzstein sehen, der eine Zahnbürste hinter sich herzieht, dann wissen Sie: Aha, der ist gerade unterwegs von § 919 BGB zur nächstgelegenen Anstalt für verrückt gewordenes Rechtsinventar, Abteilung psychiatrische Grenzfälle.

Aus der gleichen Abteilung kommen übrigens auch die »drei Doofen im BGB«. Aber die kennt doch eigentlich jeder. Die lassen wir weg ... Moment! Höre ich da Geraune an der Leserfront? Sie kennen das doch nicht? Also gut: Die drei Doofen im BGB. In §267 sorgt sich der Gesetzgeber um folgenden, extrem lebensnahen Fall:

Sagen wir, ich schulde Sabine 1000 Euro, bin aber pleite und kann sie nicht zurückzahlen. Daraufhin sagt Peter, der bei Sabine keinerlei Schulden hat: Dann zahle ich die 1000 Euro.

Peter ist der erste Doofe.

Nun sagt aber Sabine: 1000 Euro von Peter? Nee, hab ich keine Lust.

Sabine ist die zweite Doofe.

Daraufhin überredet Peter Sabine, das Geld doch anzunehmen. Der Fall scheint geklärt, nun aber komme ich und sage: Leute, so geht's nicht! Das kommt überhaupt nicht in Frage.

Ich bin der dritte Doofe.

Diesen Fall betreut §267 BGB. Und fassen wir sicherheitshalber den Gesamtvorfall nochmals zusammen: Wenn ich jemandem Geld schulde und ein anderer diese Schuld begleichen möchte, darf die Person, der ich das Geld schulde, diese Rückzahlung ablehnen, und sofern sie die Rückzahlung dennoch akzeptiert, darf ich der Lösung meiner Finanzprobleme widersprechen.

Da muss man erst mal draufkommen! Man kann dem Gesetzgeber viel vorwerfen, aber keinesfalls mangelnde

Gründlichkeit beim Ausspähen abwegiger Rechtssituationen.

Das BGB ist ein unerschöpfliches Thema, aber Untersuchungen haben ergeben, dass keiner mehr als vier Seiten BGB am Stück verkraftet. Deswegen nun zur Entspannung ein Exkurs: das Reiserecht. Packen Sie Ihren Koffer, wir verreisen für ein paar Seiten und treffen uns erholt, braun gebrannt und bereit für neue BGB-Abenteuer später wieder.

Das Reiserecht

Ursache des Reiserechts ist der Urlaub. Ursprünglich von der Gewerkschaft erkämpft, handelt es sich beim Urlaub letztlich um pure unternehmerische Heimtücke, da der Arbeitnehmer im Urlaub feststellen muss, dass der Laden auch ohne ihn weiterläuft.

Und er also nach dem Urlaub in entsprechender Demut zum Arbeitsplatz zurückkehrt.

Aus betriebspsychologischer Sicht wäre es daher besser, wenn der Arbeitnehmer 52 Wochen pro Jahr durchwerkelt, dies aber in der Gewissheit, dass ohne ihn der Betrieb sofort zusammenbricht.

So aber hat der durchschnittliche Deutsche im Jahr sechs Wochen Urlaub. Statt es sich in dieser Zeit aber vor dem Fernseher gemütlich zu machen, schmiedet er tollkühne Pläne: Er will weg. Und sein Erfolg in dieser Hinsicht ist enorm.

Denn während der Germane zu Zeiten der Völkerwanderung jahrelang gemütlich circa 800 Kilometer nach Süden vorrückte, schafft es der Bundesbürger innerhalb von sechs Wochen um den ganzen Erdball. Mehr noch: Während unsere Vorfahren als Gepäck immerhin Zelt, Lanze und einen Ochsenkarren benötigten, brauchen seine Nachfahren zum erfolgreichen Verreisen letztlich nur eines: eine Reise-Rechtsschutzversicherung. Denn egal, wohin es geht: Ziel der Reise ist immer die Minderung des Reisepreises.

Fassen wir die laufende Rechtsprechung in einem fiktiven Gerichtstag zusammen. Wir starten im Landgericht Frankfurt. Und zwar mit folgendem Leitsatz:

> § Ist in einem Hotelkomplex statt zweier Bars nur eine geöffnet, kann nicht auf Minderung geklagt werden, da sich der Gast ohnehin nur an einer Bar aufhalten kann.[2]

Hieraus spricht nicht nur richterliche Lebenserfahrung, sondern auch profunde Kenntnis der katholischen Glaubenswelt. Denn das Phänomen der Bilokation, also das gleichzeitige Auftreten an verschiedenen Orten, ist nur katholischen Heiligen möglich, nicht hingegen profanen Urlaubsreisenden. Wobei der katholische Heilige der Bilokation voraussichtlich auch nicht an Hotelbars nachgeht.

Im Saal nebenan wird gerade die denkbar mangelhafteste Ausstattung eines Hotelzimmers verhandelt. Was aber genau ist eine »mangelhafte Ausstattung«? Nach den Prozessunterlagen hatte das Hotelzimmer »keine Heizung, keine Decken, keinen Kleiderschrank«. Gut, damit ließe sich noch leben, aber es geht ja noch weiter: »Außerdem kein fließendes Wasser, keinen Strom.«

»Des Weiteren gab es in dem Zimmer keinen Stuhl, keinen Tisch sowie auch kein Bett.« Wesentlich mehr KANN in einem Zimmer eigentlich nicht fehlen. Denn fassen wir das Ausstattungsdebakel zusammen, so fehlen unterm Strich: Heizung, Decken, Kleiderschrank, Wasser, Strom, Stuhl, Bett und Tisch. Das ist wahrscheinlich Weltrekord. Das Gericht verhängt folgerichtig die Höchststrafe: Minderung 100 Prozent, plus Schadensersatz.[3]

Es geht fröhlich zu an unserem Tag im Landgericht. Als Nächstes erscheint ein Ehepaar aus Rüdesheim und klagt auf Minderung wegen »Ausfall des Begrüßungscocktails«.[4] Mit null Prozent Minderung abgefertigt, verlässt unser Ehepaar den Gerichtssaal. Dann kommt die Reisegruppe aus München, die »wegen mangelnder Bademöglichkeit aufgrund geringer Wassertiefe bei Ebbe« erlittenes Unrecht einklagt, von einem mit den näheren Begleitumständen des Tidenhubs vertrauten Richter aber ebenfalls mit null Prozent Minderung wieder nach Hause geschickt wird.[5]

Ein ähnliches Urteil ergeht folgerichtig auch an jene Kläger, die völlig unvorbereitet von »Kälte auf einem Campingplatz in Kanada im Winter« überrascht wurden.[6] Wer in KANADA nicht damit rechnet, dass es im WINTER womöglich KALT werden kann, wird vorsorglich in einen gut beheizten deutschen Gerichtssaal eingewiesen.

Nach diesem Dammbruch wird unser Gerichtstag vollends zum Prozesshansel-Stadl. In rascher Abfolge erscheinen nun Kläger wegen »einer schlecht gestrichenen Klotür«[7], »Frühstücksbüffet ohne Knäckebrot«[8], »gelegentlichem Auftauchen einer Spinne«[9] und schließlich – und hier stimmen wir zum Abschluss versöhnlich in den Grundtenor der Klage ein – wegen »überwiegender Belegung eines Kreuzfahrtschiffes mit Jodlergruppen«.[10]

Die Beeinträchtigung des Reisenden ist also durchaus erheblich. Wer je in einem Hotelzimmer saß, welches im Prospekt als »geräumig« angepriesen war, dann aber alle zwei Minuten die Tür öffnen muss, damit der Sauerstoff nicht ausgeht, der hat für diese Klagen durchaus Verständnis. Es ist auch nicht jedermanns Sache, beim partnerschaftlichen Gespräch die Worte von den Lippen lesen zu müssen, weil vor dem Hotelzimmer ein bauarbeitender Herr mit dem Presslufthammer tobt.

Die Reiserechtsklage kann erlittenes Unrecht wenigstens partiell lindern. Reiserechtsklagen beginnen meist mittags um zwei, aber die Kläger kommen schon morgens um sechs und legen Handtücher über die Sitze. Und kurz vor Verhandlungsbeginn tauchen sie dann im Gerichtssaal auf und wollen einen Begrüßungsdrink. Leider stellt die Justiz sich hier stur: Im Gerichtssaal gibt es keinerlei Verköstigung.

Ich versteh's eigentlich nicht. Da sitzen oft dreißig, vierzig Leute rum, die schieben alle Kohldampf, da könnte man doch in der Ecke einen kleinen Elektrogrill hinstellen, paar Thüringer drauf, kleines Fässchen Pils daneben, das Ganze gegen einen geringen Aufschlag bei der Gerichtsgebühr. So eine Art *All-inclusive-Justiz*, gerade bei langwierigen Prozessen: vierzehn Tage Hauptverhandlung mit Übernachtung und Frühstück zum Happy-Familiy-Tarif, Kinder werden umsonst verurteilt.

Etwas mehr Kundenfreundlichkeit wäre hier angesagt. Die Reisebranche ist hier weit voraus, von ihr kann man lernen – es gibt bereits All-inclusive-Urlaube für Hunde. Das bedeutet Gratisfutter den ganzen Tag, und schon beim Frühstück kann der Hund zwischen vier verschiedenen Briefträgern auswählen.

Aber zurück zum menschlichen Normalreisenden, dem *homo sapiens sapiens pauschalis*. Folgende Situation kennen Sie alle:

Während Sie im Urlaub sind, stirbt Ihr Onkel. Sie werden per Telegramm benachrichtigt, aber das Hotel händigt Ihnen das Telegramm versehentlich erst drei Tage später aus. Sie brechen Ihren Urlaub auf der Stelle ab und fahren in höchster Erregung natürlich sofort nach Hause, kommen aber dennoch zu spät: Die Verwandtschaft hat die Wohnung Ihres Onkels bereits ausgeräumt!

Da lässt sich jetzt rechtlich wenig machen. Gegen das

Plündern nach dem Tode gibt es kaum Paragrafen. Es gibt da eigentlich nur eine goldene Regel:

Wenn Ihre Freunde die Möbel runtertragen,
dann sind Sie am Umziehen.
Wenn Ihre Verwandtschaft die Möbel runterträgt,
dann sind Sie tot.

Die Regel stimmt immer. Darauf müssen Sie mal achten.

Das Testament

DAS TESTAMENT wird irrtümlich auch als »Letzter Wille« bezeichnet, was erfahrungsgemäß so nicht stimmen kann. Denn der letzte Wille auf dem Sterbebett ist es keinesfalls, irgendwelche Erbschaftsangelegenheiten zu regeln, sondern stattdessen noch rasch einen Politiker zu erwürgen. Vorzugsweise aus dem Bereich Finanzwesen. Denn wenn das Leben abschließend an einem vorüberzieht, merkt man, wo die wirklichen Schurken sitzen.

Das Testament ist der juristisch finale Akt der menschlichen Existenz. Noch ein letztes Mal greift der Arm des Gesetzgebers gierig und weit hinein in die Selbstbestimmung des Individuums. Nicht nur durch die Geißel der Erbschaftssteuer, sondern auch durch allerlei Bevormundung bei der Auswahl der Erben.

Folgender Fall:

Rentner Hans Dampf hat im Vollbesitz seiner geistigen Kräfte ein Testament verfasst. Sein Vermögen von 20.000

Euro vererbt er wie folgt: Zehn Euro gehen an die Frau, zwanzig Euro an die beiden Kinder und der Rest an »die Strapsmaus vom ›Grünen Kakadu‹«. Hans Dampf bekräftigt diesen Willen bei seinem letzten Besuch im ›Grünen Kakadu‹, verendet anschließend im Séparé, was von der Strapsmaus als finale Vertragsbestätigung interpretiert wird. Die Familie klagt gegen das Testament vor dem Landgericht Hamburg, welches sich in Gestalt des zuständigen Richters wegen der grundsätzlichen Bedeutung des Falles nun schon seit bereits mehreren Monaten zur Beratung in den »Grünen Kakadu« zurückgezogen hat. Ein Urteil ist wegen Überlastung des Richters frühestens im nächsten Herbst zu erwarten.

So geht es oft und oft ... Der fraglos wichtigste Paragraf zum Erbrecht ist § 1923 BGB:

 Erbe kann nur werden, wer lebt.

Da kann man sagen, was man will, aber das leuchtet irgendwie spontan ein. Denn wer erbt, aber bereits gestorben ist, der hat allergrößte Schwierigkeiten, die Wohnung des Verstorbenen auszuräumen. Daher unbedingt die richtige Reihenfolge einhalten: Erst erben, dann sterben!
Ebenfalls wichtig: Im Erbrecht heißt es klipp und klar: Sobald ein *neues* Testament da ist, wird das *alte* Testament un-

gültig. Das ist jetzt natürlich ein schwerer Schlag für die Priester. Ich weiß auch nicht, weshalb im Alten Testament noch so viel rumgeschmökert wird – es gilt nicht mehr! Kaum hatte der Herrgott einen Sohn, schon hat er ein neues Testament gemacht. Ein ganz normaler erbrechtlicher Vorgang. Und wenn ein neues Testament da ist, gilt das alte nicht mehr. Das muss man wissen! Auch um die Verwandtschaft zu ärgern: Wenn es ans Ableben geht, einfach in der Wohnung mehrere Testamente verstecken, jeweils mit zarten Hinweisen darauf, wo sich das gültige Testament befinden *könnte!* Das heißt, man kann nach dem Tod noch mit der Verwandtschaft Schnitzeljagd spielen! Vielleicht auf dem gültigen Testament dann auch noch einen finalen Zungenbrecher unterbringen: »Verscharrt mein Schwarzgeld auf dem schnellsten Schleichweg zum Schweizer Schließfach.« Das bringt zusätzlich Stimmung auf dem Sterbebett.

Das Recht im Grab

ZUVORDERST GILT: Man darf ins Grab nichts mitnehmen. Grabbeigaben sind laut Bestattungsrecht nicht erlaubt. Was will man auch groß einpacken? Gut, vielleicht ein paar Zeitschriften und eine Leselampe. Falls der Leichenbeschauer sich geirrt hat.

Lebendig begraben zu werden, ist natürlich der Horror. Vor allem, wenn man vergessen hat, den Herd auszumachen. Viele Schwaben lassen sich deswegen nur mit Handy begraben: »Du, Schorsch, kannsch du mal gschwind in mei Wohnung nüberlaufa ond den Herd ausmacha. Und dann hab i noch a anders Problem. Aber da ruf ich dann am Wochenende noch mal an, da isch's billiger.«

Ansonsten muss sich keine Leiche allzu große Sorgen machen. Rein juristisch ist alles rund ums Ableben hervorragend organisiert. Bestattungsgesetz § 26 besagt:

 Personen, die gewerbsmäßig Leichen reinigen, dürfen nicht gleichzeitig im Gaststättengewerbe tätig sein.

Das ist der sogenannte Leichenschutzparagraf. Einmal kurz mit einem alten Lappen drüberwischen, Tuch drauf, fertig. Das geht natürlich nicht. Außerdem wäre die Verlockung für den Gastwirt zu groß: am Wochenende den Gast verdursten lassen, damit er montags was zum Waschen hat.

Auch der Verstorbene kann sich also noch nutzbringend ins Wirtschaftsgeschehen einbringen. Das wusste vor über hundert Jahren schon der amerikanische Aphoristiker Ambrose Bierce: »Das Grab ist der Ort, wo die Toten auf den Doktor warten.«

Heute ist es umgekehrt: Da wartet der Doktor in der Praxis auf die Toten. Man sieht das ja immer wieder an den Arztabrechnungen: Ärzte arbeiten bis zu 35 Stunden am Tag und behandeln auch noch Verstorbene. In NRW hat ein Doktor einen Verblichenen noch fünf Jahre nach der Beerdigung erfolgreich verarztet. Das ist jetzt für die christliche Glaubenswelt die medizinische Variante der frohen Botschaft: Zumindest in der Arztabrechnung klappt es bereits mit der Auferstehung. Aber es sollte ja eigentlich im Paradies sein und nicht im Behandlungszimmer. Auferstanden von den Toten und schon wieder beim Arzt!

Gesundheit und Recht

HIERZU LESEN WIR ZUNÄCHST aus der sogenannten Gesundheitsapokalypse. Die steht ebenfalls in der Bibel, als Anhang zum Johannes-Evangelium. Die hat der Evangelist noch als Postscriptum-Prophezeihung an die Ursprungsoffenbarung ranorakelt. Und dort steht im Groben folgendes:

> Es kommt der Tag, da die Nationen vor den Schöpfer treten, und er wird fragen: »Nun sagt, was ist eure Botschaft?« Und die Nationen werden murren und grummelnd nachhaken: »Wie? Was? Botschaft?«
> Der Herr aber wird milde sprechen: »Es ist ganz einfach. Sagt die Worte, die ihr in eurem Leben am häufigsten gehört habt.«
> Und da wird der Franzose mutig vortreten und sprechen: »Die Worte des französischen Volkes, das waren die Worte: Liberté, Egalité, Fraternité.«
> Und der Herr wird sagen: »Sehr gut, setzen.«

Und als Nächstes wird ein US-Amerikaner vortreten und sagen: »Well, die words, die ich habe gehorcht am meisten oft, das sind die words auf unsere Dollarscheine: In God we trust.«

Und der Herr wird begeistert sein und sagen: »In God we trust, großartig! Dafür gibt's ein Heiligenbildchen!«

Und so wird es gehen lang und länger, bis zu guter Letzt, nach Engländern, Indern, Polen und Chinesen ein Deutscher, der sich bis dahin weit hinten versteckt gehalten hatte, missmutig vor seinen Schöpfer tritt. Und der Herr wird sich zu ihm hinunterbeugen und ihn fragen:

»Nun, was ist die Botschaft des deutschen Volkes, was sind die Worte, die du am häufigsten in deinem Leben gehört hast?«

Und der Deutsche wird lange herumdrucksen, unsicher von einem Bein auf das andere treten, bis es schließlich aus ihm herausbricht: »Zu Risiken und Nebenwirkungen lesen Sie die Packungsbeilage und fragen Sie Ihren Arzt oder Apotheker!«

Diesen Unfug hat das Arzneimittelrecht verbrochen, und man möchte dem Gesetzgeber zurufen: Der Spot ist jetzt ein paar zigzehntausend Mal gelaufen, wir wissen es langsam. Wir haben's begriffen! Wir haben's kapi-iert!! Wenn wir uns ein Arzneimittel kaufen, dann lesen wir die Packungsbeilage und fragen den Arzt oder Apotheker. Es heißt tatsächlich UND! Nur die Packungsbeilage lesen, reicht nicht. Wir müssen auch noch den Arzt oder Apotheker fragen. Die haben ja sonst nichts zu tun. Da gehen wir zum Facharzt für Hals, Nasen, Ohren und Packungsbeilagen: Dr. rer. med. bei. pac.

Oder am einfachsten: Wir werden am besten gleich selber Arzt. Das ist überhaupt kein Problem. Ich hab's mal nachgerechnet: Die Zeit, die man während seines Lebens in Wartezimmern verbringt, würde ausreichen, um selbst Medizin zu studieren. Und dann kommt man nicht ins Wartezimmer, sondern gleich in die Ärztekammer.

Das grobe Umrechnungsverhältnis bei der Warterei ist übrigens 5:1. Also 50 Minuten warten für 10 Minuten gewartet werden. Das macht zusammen 60 Minuten, und deswegen heißt der Gesamtvorgang ja auch Sprechstunde.

Aber wenn wir schon beim Thema Medizin sind: Gesetz über Zuzahlungen im Gesundheitswesen. Das kennt jeder, der schon einmal einen leeren Geldbeutel von innen gesehen hat. Arzneimittel sind mittlerweile derart teuer, dass man eine Medikamentenvergiftung vielleicht überlebt, aber finanziell mit Sicherheit ruiniert ist.

Diese enorme Verteuerung hat man jetzt in der nächsten Stufe der Gesundheitsreform endlich berücksichtigt. Ab 1. Januar 2013 muss deswegen in jeder Apotheke ein Geldautomat hängen. Und wenn dessen Inhalt nicht reichen sollte, dann steht noch ein besonders geschulter Fachmann bereit, der sogenannte Hypotheker. Der nimmt für Medikamente Ihr Haus in Zahlung. Hypotheker, Beruf mit Zukunft. Einen Vorteil, das wollen wir hier nicht verschweigen, hat die Medikamentenverteuerung aber durchaus: Wenn bei Ihnen daheim künftig eingebrochen wird – der Schmuck ist noch da, nur die Hausapotheke ist weg.

Juristische Höchstleistungen
Teil 1

a) Das Bundesrasenmähergesetz

Rasenmähergesetz, das klingt spannend. Aber Geduld. Zunächst müssen wir noch einen massiven Klotz zur Seite rücken. Da kommen wir nun zum BUNDESLEITERRECHT. Unter Leiterrecht versteht man die jedem Bürger zustehende Befugnis, an die Außenwand seines Hauses eine Leiter anlehnen zu dürfen, auch wenn er hierzu das Nachbargrundstück betreten muss.

Sie sehen, es gibt gewisse Rechte, da würde ein normales Volk gar nicht draufkommen. Die Engländer haben die Magna Carta erfunden, die Franzosen den Code Napoleon – wir eben das Leiterrecht. Gut, damit kann man im Ausland jetzt nicht sooo doll angeben. Andererseits aber will der Mensch eben nicht nur Meinungsfreiheit, geheime Wahlen und so weiter, nein der Mensch will auch Leitern an die Außenwand seines Hauses lehnen dürfen – und für derlei Grundrechte ist nun mal der Deutsche zuständig.

Ich glaube nicht, dass die Welt auf dem Sektor Menschenrechte Bahnbrechendes ausgerechnet von uns erwartet. Wie ja auch nicht damit gerechnet wird, dass der Österreicher die Hochseefischerei entscheidend voranbringt.

Wir sind für andere juristische Höchstleistungen wie das BUNDESRASENMÄHERGESETZ zuständig!

Das ist schon fast die Avantgarde der Gesetzgebung.

Paragraf 1 Bundesrasenmähergesetz:

§ Deutscher im Sinne des Grundgesetzes ist, wer einen Rasenmäher besitzt. Dieser ist ständig mit sich zu führen.

Entschuldigung, da bin ich jetzt ins Passgesetz reingerutscht. Egal. Das Bundesrasenmähergesetz – oder *Technische Anleitung Rasenmäherimmissionschutzverordnung*, wie's richtig heißt – besagt, dass es nach 22 Uhr strengstens verboten ist, den Rasen zu mähen.

Das ist eine ganz und gar unerträgliche Bevormundung. Wie gerne nämlich würde man, gerade nach 22 Uhr – und damit in völliger Finsternis – mal gründlich den Rasen mähen. Hier durchs Blumenbeet, dort voll gegen das Apfelbäumchen … eine interessante Übung. Blindekuh für Fortgeschrittene.

b) Das Bundesseuchengesetz

Oder Infektionsschutzgesetz, wie es korrekt heißt. Hier stehen hochinteressante Dinge. Machen wir's am konkreten Beispiel fest. Sagen wir, Sie nehmen mit hundert weiteren Besuchern an einer Lesung dieses Buches teil. Was, wenn einer der Besucher ein Virus in sich trägt, das auf der Seuchenliste steht – was, wenn sich ein Ausscheider von zum Beispiel Choleravibrionen in unserer Mitte befindet?

Da wird es ernst. In so einem Fall kann die Behörde den Quarantänezustand über uns verhängen. Aber keine Bange, wer von der Außenwelt abgesondert wird, der erhält nach §49 Infektionsschutzgesetz Verdienstausfall. Also für die die ersten sechs Wochen in Höhe des Nettolohnes. Von der siebten bis zur zwölften Woche gibt's Arbeitslosengeld, danach wird Zug um Zug zum Hartz-IV-Empfänger runtergestuft, und – das zur Beruhigung – erst nach fünf Jahren treten die einschlägigen Vorschriften des Verschollenheitsgesetzes in Kraft.

Das waren die Bestimmungen für Angestellte. Bei Selbstständigen orientieren sich die Zuwendungen nicht am Realverdienst sondern am – Zitat – »dem Finanzamt *gemeldeten* Jahreseinkommen« ...

Ja, der Gesetzgeber kennt seine Selbstständigen, und wo er kann, da rächt er sich natürlich.

Etwas komplizierter verhält sich die Sache beim Landwirt. Was verdient so ein Landwirt eigentlich? Nun, ganz einfach, wir schlagen nach im »Gesetz über Altershilfe für Landwirte«, §3c:

§ Das Arbeitseinkommen eines landwirtschaftlichen Unternehmers ergibt sich aus dem Produkt des dekadischen Logarithmus mit der Zahl 53.111, vermindert um die Zahl 17.720.

Dekadischer Logarithmus von 53.111, vermindert um 17.720, das macht ... den Landwirt am Ende jedenfalls komplett verrückt. Aber jetzt wissen wir endlich, warum der Bauer immer so einen etwas mürrischen, in sich gekehrten Eindruck macht: Er grübelt über dem dekadischen Logarithmus. Egge, Mistgabel, Logarithmentafel – die klassischen Handwerkszeuge des modernen Landwirts.

Auf unseren Wiesen und Weiden ist die Hölle los: verrückt gewordene Grenzsteine, Bauern, verstrickt in höhere Einkommensmathematik ... auf den Feldern tobt der Kampf um die letzten Verstandesreste.

c) Das Jagdrecht

Hier hat der Gesetzgeber den Vogel abgeschossen. Das Federvieh muss dabei allerdings hellwach gewesen sein, denn laut Jagdgesetz dürfen *schlafende* Vögel nicht erschossen werden.

Es wird steinalt der brave Zeisig,
kein Wunder, denn er pooft ja fleißig.

Ebenso wenig dürfen übrigens Vögel, die auf Denkmälern sitzen, erschossen werden. Denkmäler sind laut Jagdrecht »ornithologische Schutzzonen«.

Deswegen herrscht auf den Denkmälern auch immer so ein Mordsgedränge.

Das Gesetz voll auf seiner Seite hat hingegen, wer in Baden-Württemberg Heringsmöwen jagt. § 8 Landesjagdgesetz.

Man muss nur vorher an die Nordsee fahren und sich welche holen, in Baden-Württemberg selbst kommt die Heringsmöwe eher selten vor. Genau genommen eigentlich nur in § 8 Landesjagdgesetz …

Schauen wir uns bei dieser Gelegenheit noch ein paar weitere Tiere an, die unter dem Menschen zu leiden haben. Da wäre an erster Stelle der Hund zu nennen.

Hier ist tägliche und schwerste Verunglimpfung zu beklagen: Einen ausgewachsenen Idioten nennt man einen »blöden Hund«, fühlt man sich schlecht, so geht's einem »hundsmiserabel«. Hundsgemein ist, wofür der Hund herhalten muss!

Auch dem Eisbären ging es schon mal besser. Bis vor zehn Jahren noch wog der Eisbär im Schnitt 600 Kilo. Durch das Ozonloch wird die Eisdecke am Nordpol dünner, der Bär bricht ständig ein und hat deswegen auf rund 500 Kilo abgespeckt.

Beim Anwalt ist es ähnlich. Der Anwalt wog bis Anfang der 80er-Jahre durchschnittlich 82 Kilo. Bis zur großen Juristenschwemme in den 90er-Jahren. Das war für Juristen die Katastrophe schlechthin: Zusätzliche Jäger sind in die Nahrungskette eingedrungen. Heute wiegt er gerade mal noch 76 Kilo und 420 Gramm. Ohne Schönfelder, also rein netto.

Momentan kann der Anwalt eigentlich nur noch folgendermaßen überleben: In der Urlaubsklagewelle nach dem Sommer frisst er sich den Speck an, damit er durch den Winter kommt. Im Frühjahr mit der Scheidungswelle kann er dann wieder ein paar Kilo zulegen.

Das ist deprimierend. Wir wenden uns lieber lebensbejahenden Dingen zu. Der Paarung.

Recht rund um die Paarung

DAS PAARUNGSVERHALTEN der Deutschen ist geprägt von Würde und Diskretion. Während die Prominenz sich scheu in Besenkammern und auf Weihnachtsfeiern des FC Bayern zurückzieht, sucht der Durchschnittsdeutsche die schlecht beleuchtete, romantische Atmosphäre, wie man sie hinter Feuerwehrfestzelten findet.

Hier Licht ins Dunkel zu bringen, ist Aufgabe des rührigen Gesetzgebers. Denn obschon der Paarungsvorgang gern ins Private abgleitet, muss die Justiz wachsam bleiben, um drohende Exzesse zu verhindern.

Ein interessantes Gesellschaftsspiel ist es, bei Verwandtschaftstreffen theoretisch zu erörtern, welche geschlechtlichen Verbindungen juristisch erlaubt wären.

Besonders zur Auflockerung in ermüdenden Gesprächssituationen empfiehlt es sich, mit dem Bürgerlichen Gesetzbuch zur Hand, gerichtsfeste Sexualkonstellationen im engeren Verwandtschaftskreis durchzusprechen. Wer darf denn hier mit wem?

Darf die Tante mit dem Cousin zweiten Grades? Ist's dem Schwager mit der Nichte mütterlicherseits erlaubt? Das sind schwierige Fragen.

Hier empfiehlt sich die Einführung eines Kürzels: der JEB, also der Juristisch Erlaubte Beischlaf. Der JEB als eine Art sexualjuristisches Qualitätssiegel, vergleichbar der TÜV-Plakette mit verschiedenen farblichen Abstufungen. Der JEB wird als Chip gut sichtbar am Hemdkragen getragen und ist online mit dem Standesamt verbunden, um die notwendigen Informationen abzufragen.

Im Einzelnen: Tante Emmi möchte mit dem Vater des Onkels ihres Schwagers ins Bett. Bislang musste hier vor dem Schlafzimmer umständlich in Gesetzestexten gekramt werden, nun hilft ein einfacher Blick auf die JEB-Plakette »Zugelassen für GV im grünen Bereich«, und schon stehen alle Türen offen.

Ein anderer Fall: Onkel Otto hat ein Auge auf die im Reagenzglas gezeugte Tochter seiner Leihmutter geworfen. Hier signalisiert ihm eine tiefrot blinkende JEB-Plakette, dass der Beischlaf sicherheitshalber nur unter Aufsicht eines Familienrichters vollzogen werden darf.

Dennoch bleibt die Verunsicherung enorm: Darf die Tante vom Schwager der Großmutter mit der Nichte des Cousins vom Onkel? Eine Plakettierung bei Verwandtschaftstreffen hievt bis dato belanglose Gespräche in völlig neue Dimensionen. Das sind Gesellschaftsspiele, die ich in festgefahrenen

Konversationen bei Kaffee und Kuchen dringend empfehle. Sonst könnte der impotente Großvater die Gesprächspause nutzen, um mit Geschichten von früher anzufangen.

Eine weitere und sehr, sehr wichtige Frage zu diesem juristischen Randgebiet ist: Kann Sperma erben?

Klären wir zunächst die Rahmenbedingungen. § 1923 BGB sagt unmissverständlich: »Erbe kann nur werden, wer lebt.«

Aber wann beginnt das Leben? Bei der Zeugung? Bei der Geburt? Oder beginnt das Leben, wie ein jüdisches Bonmot sagt, wenn die Kinder aus dem Haus sind?

Konkret geht es um folgenden Fall: Ein sehr reicher, kinderloser Herr hinterlässt seinem tiefgefrorenen Samen zehn Millionen Euro. Eine stolze Summe, die kriegt man wirklich schlecht in ein Reagenzglas rein. Also zehn Millionen in kleinen Scheinen aufeinandergestapelt, das macht exakt 6 Meter 38. Ich weiß das! Ich hab's gestern abend bei mir daheim ausprobiert!

Aber zurück zu unserer Frage: Kann Sperma erben? Antwort: Nein! Denn außerhalb des Mannes wird Sperma herrenlos. Und herrenlose Dinge sind nicht erbfähig. Das merkt man ja schon daran, dass Sie, wenn Sie Sperma irgendwo auf der Straße rumliegen sehen, es nicht auf das Fundamt tragen müssen.

Recht und Kinder

SIE SIND MIT DEN NERVEN AM ENDE? Sie brüllen nur noch rum? Kurz: Sie haben Kinder? Und zwar Kinder, die erfolgreich jeglichen Handgriff in der Wohnung verweigern?

Lehnen Sie sich entspannt zurück, hier kommt der Paragraf, der Ihr Leben verändern wird, nämlich § 1619 BGB, denn der besagt kurz und knackig: Kinder müssen im Haushalt mithelfen.

Befreites Aufatmen bei allen Eltern. Daheim in der Küche stapelt sich der Abwasch turmhoch bis unter die Decke, aber der Junior sitzt im Kinderzimmer und spielt »Counterstrike«.

In diesem Fall nun hilft § 1619 BGB, Sie haben die Staatsmacht auf Ihrer Seite. Sie können die Polizei rufen. Am besten gleich zwei Beamte: Der eine spült, der andere trocknet ab. Denn dass der Balg da irgendwie … also nee. Der tut nix, der will nur spielen.

Die Frage ist: Wie können Eltern diesen Rechtsanspruch

auf Abwaschhilfe durchsetzen? Auch hier hilft das BGB. Es gibt eine Art Streikrecht für Eltern. Der Gesetzgeber sagt: Wenn das Kind die Mitarbeit im Haushalt verweigert, dann dürfen die Eltern ebenfalls Leistungen verweigern. Also alles, was über die minimale Grundversorgung hinausgeht, kann straffrei gestrichen werden.

Das heißt: Es gibt kein Mittagessen. Oder noch schlimmer: stattdessen einen Obstteller.

Juristisch ist unser Land bis in die hintersten Winkel vorbildlich organisiert. Die ein, zwei Gesetzeslücken, die wir haben, sind durchaus zu verkraften. Blicken wir mal in eine solche juristische Gletscherspalte:

Das wird jetzt sogar die Juristen unter uns überraschen: Sie dürfen in Deutschland mit gerade mal achtzehn Jahren Bundeskanzler werden. Wer's nachlesen möchte: § 15 Bundeswahlgesetz. Das Erwachsenenstrafrecht gilt dagegen erst ab 21 Jahren.

Da wird dann, wenn's dumm läuft, der Angriffskrieg nach dem Jugendstrafrecht geahndet: sechs Wochen den Wald putzen für ein Mal in Österreich einmarschieren.

Im Bundestag sind gut sechshundert Abgeordnete, also vierhundert Juristen und zweihundert Lehrer. Das funktioniert bestens: Die Juristen schreiben die Gesetze, und die Lehrer korrigieren sie. Die Einteilung der Juristen in diesem Kosmos ist übrigens wie folgt:

Die Einserjuristen sitzen oben in der Lobby,
die Zweierjuristen sitzen im Bundestag,
die Dreierjuristen kennen einen im Bundestag,
und die Viererjuristen fahren sie mit dem Taxi hin.

Aber eben nur durch diese feine Sortierung der Juristen in ihre ureigensten Aufgabenbereiche entstehen so eindrucksvolle Paragrafen wie zum Beispiel § 27 Bundesangestelltentarif-Gesetz:

§ Der Angestellte, der nach der Überschreitung des 21. Lebensjahres eingestellt wird, erhält die Stufe der nächstniedrigen Grundvergütung, als die Stufe, die er zu erhalten hätte, wenn er seit der Vollendung des 23. Lebensjahres in der unmittelbar unter der Anstellungsgruppe liegenden Vergütungsgruppe beschäftigt und am Tage der Einstellung höhergruppiert worden wäre.

Der Satz endet mit einem Punkt. Wäre ein Fragezeichen dahinter, würde ich sagen: Das war eine Abituraufgabe im Mathe-Leistungskurs.
Sicher, nicht jeder ist geschaffen für Bildung. Wir brauchen auch noch ein paar Leute, die die Bundesliga interessant machen.
Das Problem bei der Bildung ist: Selbst Kleinkinder inte-

ressieren sich nur noch für Handys! Wenn der Wellensittich piepst, glauben sie, er hat eine SMS bekommen.

Bei Waldorfschülern ist es natürlich nicht so. Aber die haben dafür ganz andere Probleme. Fehlender Druck und leicht verschrobene Pädagogen. Immer häufiger hört man deswegen von Waldorfschülern den Satz: »Das einzig Strenge an unserem Lehrer ist sein Geruch.«

Recht und Alkohol

DER ALKOHOL ist aus deutschen Gerichtssälen praktisch nicht mehr wegzudenken.

Zum einen als zuverlässiger Helfer des Richters in juristischen Stresssituationen. Nicht selten findet sich daher im richterlichen Schreibtisch eine gut gefüllte Minibar.

Achten Sie bei Verhandlungen einmal auf ein zartes Brummen. Das ist keineswegs die Klimaanlage, sondern hier ist das Kühlaggregat des richterlichen Minibar-Eisfachs angesprungen.

Hier für eine gesicherte gesetzliche Grundlage zu sorgen, wäre dringlichste Aufgabe der Justiz. Indes: Eine vom Autor angestoßene »Initiative für Schanklizenzen in deutschen Gerichtssälen« wurde bislang nicht mit der notwendigen Ernsthaftigkeit betrieben.

Zur Verdeutlichung folgender Fall aus der Praxis:

Vor Gericht erscheint als Zeuge der Anklage Sebastian Suffkopf. In der nahe gelegenen Pilsbar hat er sich zuvor für seinen Zeugenauftritt mit fünf Bier gestärkt und steht nun zur Vernehmung bereit. Zur Unterstützung hat er die Kumpel aus der Pilsbar mitgebracht. Die Aufforderung des Richters, zur Vereidigung die rechte Hand zu heben, nutzt er zu einem soliden »Hey, Richter, give me five!«. Die Kumpel sind begeistert.

Rufe: »Damit kommst du ins Fernsehen!« »Schmeißt den Richter raus! Wir wollen Barbara Salesch!«

Staatsanwalt: » Der Zeuge ist nicht vernehmungsfähig. Ich beantrage Vertagung.«

Rufe: »Super! Dann geh wir jetzt alle in die Pilsbar!« »Barbara Salesch muss her!«

Verteidiger: »Der Belastungszeuge ist nicht vernehmungsfähig. Ich beantrage daher für meinen Mandanten Freispruch.«

Rufe: »FreiSPRUCH? Quatsch: FreiBIER! Und zwar für alle!«

Tumultartige Szenen. Stühle werden geworfen. Der Richter lässt den Saal räumen. Einsam und allein sitzt er da. Seine Gedanken kreisen. Hat er vierzehn Semester Jura studiert, um sein Leben mit derlei Gesindel zu verbringen? Zitternd greift seine Hand Richtung Minibar …

Das sind Schicksale am Justizstandort Deutschland. Schicksale, die einige haarsträubende Urteile aus unseren Gerichtssälen vielleicht erklären könnten. Urteile wie jenes gegen eine bis dato völlig unbescholtene Verkäuferin, die vom Arbeitgeber entlassen werden darf, weil sie Pfand für 1,30 Euro unterschlagen hat. Oder ein wegen fortgesetzter Kunstfehler entlassener Chirurg in Freiburg bekommt höchstrichterlich zwei Millionen Euro Abfindung zugesprochen – solche Fehlleistungen können unmöglich einem nüchternen Hirn entsprungen sein.

Nach meiner festen Überzeugung sollten daher circa zwei Prozent aller Gerichtsverhandlungen damit enden, dass man dem Richter vorsorglich den Autoschlüssel wegnimmt.

In diesem Zusammenhang dürfte auch Folgendes interessieren: Die Vorschriften über Führerscheinentzug bei Alkoholfahrten gelten auch beim Führen einer Kuhherde. Gut, die meisten Leser sind wahrscheinlich vorwiegend mit dem Auto unterwegs und nur wenige mit einer Kuhherde. Falls Sie dennoch zu dieser Randgruppe gehören, reißen Sie sich beim Alkohol ein bisschen zusammen. Nicht dass Sie demnächst auf einer Kuh zum Idiotentest reiten. Das macht keinen guten Eindruck.

Also: Kuhherden und Fahrzeuge werden vom Gesetzgeber gleichbehandelt. Strittig ist derzeit eigentlich nur noch: Darf man unangeschnallt auf einer galoppierenden Kuh ohne Freisprechanlage telefonieren?

Also, aufpassen bei der Sauferei! Damit man nicht endet wie das Opfer eines spektakulären Mordprozesses am

Landgericht Mannheim. Hier kurz die Quintessenz des Autopsieberichts: Neben einer Schusswunde finden sich darin auch noch Schrumpfniere, Leberzirrhose, 3,9 Promille Blutalkohol und zwölf Meter Bandwurm.[11] Das sind viereinhalb Todesursachen in einem Körper! Und der Richter muss auf Anhieb die korrekte erwischen. Da hat er eine Trefferwahrscheinlichkeit wie beim Mittwochslotto!

Schrumpfniere, Leberzirrhose, 3,9 Promille Blutalkohol – sicher, für viele Juristen klingt das natürlich wie das persönliche Ergebnis beim jährlichen Gesundheits-Check.

Aber die Frage ist doch: Kann man jemanden wegen Mord bestrafen, wenn das Opfer sich offensichtlich in den nächsten vier Wochen ohnehin totgesoffen hätte?

Da geht es um prinzipielle juristische Fragen. Angenommen, jemand stürzt sich in Selbstmordabsicht aus dem 50. Stockwerk eines Hochhauses, wird aber zwei Zentimeter vor dem Aufprall erschossen!

Das ist Mord. Wer so was macht, der kriegt – also Minimum! – fünf Meter in der juristischen Fachbibliothek.

Das BGB und der Bienenschwarm

EINER DER FRAGLOS SCHÖNSTEN PARAGRAFEN im BGB ist der 961er: »Herrenloswerden eines Bienenschwarmes.« Der kommt ein bisschen überraschend im BGB, so zwischen Scheidung und Testament. Das hat so was von »Wir machen jetzt eine kleine Pause und sind dann gleich wieder für Sie da«. Das ist der Sympathiegipfel des BGB. Nicht immer nur an das Schlechte im Menschen denken, Zwist, Betrügerei und Niedertracht, nein, auch mal das Herrenloswerden eines Bienenschwarms auf sichere gesetzliche Grundlagen stellen. Wenn das Bienchen schwärmt, dann tut es das summ-summa-summarum mit dem guten Gefühl, dass der Gesetzgeber es umsorgt. Denn wenn der Schwarm weg ist, steht der Imker wie der Herr vorm Hund: Ja, wo isser denn?

Aber wann genau wird ein Bienenschwarm denn herrenlos? Wie gut, dass uns bei dieser wichtigen Frage nun § 961 hilfreich zur Seite tritt:

§ Ein Bienenschwarm wird herrenlos, wenn der Eigentümer ihn nicht unverzüglich verfolgt.

Also, ganz ehrlich, ich hab noch nie jemanden gesehen, der einem Bienenschwarm *hinterher*jagt. Wenn überhaupt, dann nur andersrum. Aber das sind Details. Viel wichtiger ist die Frage: Wo will er denn eigentlich hin, der Bienenschwarm?

Das verrät uns § 962 BGB: »Einzug des Bienenschwarmes in eine fremde, nicht besetzte Wohnung«.

Aha! Dem Bienenschwarm hat's daheim nicht mehr gefallen. Typischer Fall von Tapetenwechsel. Der Bienenschwarm sucht daher eine nicht besetzte, also sofort bezugsfertige Wohnung. Aber was, wenn er die nicht findet? Nun, dann orientiert er sich eben an § 964 BGB: »Einzug des Bienenschwarmes in eine besetzte Wohnung«.

Da kommt Stimmung auf in der besetzten Wohnung! Vor der Tür steht ein einzugsbereiter Bienenschwarm mit umfangreichem Gepäck. Oder wie's beim Menschen heißt: unangemeldeter Verwandtschaftsbesuch. Bislang war nur ein einziger Schwarm auf der Flucht. Was aber, wenn der Freiheitsgedanke um sich greift? Was ist mit Massenflucht und Zusammenrottung?

§ 963 schildert den Ernstfall: »Vereinigung von herrenlosen Bienenschwärmen«. Jetzt wird es kompliziert. Denn bisher galt die Regel: pro Bienenschwarm ein Verfolger. Nun aber haben wir mehrere Verfolger, aber nur noch einen vereinigten Schwarm! Und den wieder in seine ursprünglichen Bestandteile zu zerlegen, wird schwierig. Vielleicht haben sich bei der Vereinigung neue Freundschaften gebildet.

Die Flucht wird für die Verfolger also zunehmend komplizierter, etwas Entspannung bringt einzig § 962 BGB:

§ Der Eigentümer darf bei der Verfolgung fremde Grundstücke betreten.

Und das ist auch sehr begrüßenswert. Denn man kann einen herrenlos gewordenen Bienenschwarm nur ganz schwer dazu zwingen, seinen Ausflug hundertprozentig mit dem örtlichen Verkehrswegenetz abzustimmen.

Die Flucht geht also fröhlich weiter – aber hat eigentlich jemand auf die Uhr geschaut?

Was, wenn es bereits nach 22 Uhr ist und auf dem fremden Grundstück jemand rechtswidrig den Rasen mäht? Und was, wenn auch auf diesem Grundstück der Grenzstein verrückt geworden ist? Dann haben wir folgende Fluchtgesamtsituation: Ganz vorne der Mensch mit dem Rasenmäher. Dann der Grenzstein, der die Zahnbürste hinter sich herzieht. Gefolgt von vereinigten Bienenschwärmen und einer furchtlos hinterherjagenden Imkermeute. Und eine Horde Rechtsanwälte, die sich von dem Ereignis eine Prozesslawine erhoffen.

Das Schild

IM ZENTRUM DES DEUTSCHEN ORDNUNGSSINNS steht das Schild. Ursprünglich von makedonischen Reiterheeren zur Abwehr feindlicher Bogenschützen erfunden (damals noch: DER Schild), wird DAS Schild ungefähr im Jahr 462 erstmals auf deutschem Boden urkundlich erwähnt und beginnt sofort seinen Siegeszug durch sämtliche deutsche Ordnungsdisziplinen. Denn so wie die Israeliten quer durch das alte Testament hindurch das Erscheinen des ERLÖSERS ersehnten, so wartete die deutsche Nation auf das Erscheinen des SCHILDS. Auf dass es Ordnung schaffe und Verbote verkünde. Wäre ein Deutscher am Berge Sinai zum Herrn hochgestiegen, wäre er nicht mit zehn Steintafeln, sondern mit einem Arm voll Schildern wieder herabgekommen. Darunter ein paar Vorfahrtszeichen, so viel steht fest.

Blenden wir zu diesem fiktiven Ereignis kurz zurück:

Wir befinden uns am Berge Sinai. Ein großer Moment für die Menschheit. Gott der Herr möchte die Zehn Gebote an

Moses überreichen. Stattdessen steht vor ihm ein deutscher Ordnungsbeamter:

GOTT: *Also, ich hab hier jetzt mal die Zehn Gebote. Gebot eins: Du sollst keine anderen Götter neben mir haben.*

BEAMTER: *Äh, schön und gut, aber hast du nicht was über das Betreten das Rasens? Ist doch auch wichtig!*

GOTT: *Wie? Das erste Gebot: Du sollst den Rasen nicht betreten?*

BEAMTER: *Genau. Das fänd ich hilfreich.*

GOTT: *Nun gut, das hau ich dann mal in diese Steintafel hier rein …*

BEAMTER: *Steintafel? Gibt's das auch als Schild?*

GOTT: *Als Schild? Also keine Steintafel mit den Göttern neben mir, stattdessen ein Schild mit »Betreten des Rasens verboten«?*

BEAMTER: *Exakt. Und schreib noch drunter: »Zuwiderhandlungen werden als Ordnungswidrigkeit geahndet.«*

GOTT: *Wie? Ich geb dir keine Steintafel, sondern ein Schild: »Betreten des Rasens verboten. Zuwiderhandlungen werden als Ordnungswidrigkeit geahndet.« Meinst du, das kommt in der Bibel gut an?*

BEAMTER: *Lenk nicht ab. Ich bräucht dann auf jeden Fall noch ein paar Schilder mit abknickender Vorfahrt.*

GOTT: *Abknickende Vorfahrt? In der Bibel?*

BEAMTER: *Für den Anfang mal so zehn Stück. Kannst du mir beim Runtertragen helfen? Ich hab's grade bös im Kreuz, dieses Rumgesitze im Büro den ganzen Tag … Du kannst doch alle Schilder tragen, oder?*

Blenden wir uns aus diesem würdelosen Dialog aus. Verharren wir aber noch ein wenig bei der Bibel. Denn nur dort steht, wie der Mensch korrekt durchs Leben wandelt: »Liebe deine Feinde, tue Gutes und verleihe zinslos Geld.« Lukas, 4:65. 4:65 ist also die Bibelstelle, nicht der Zinssatz. Es ist im Grunde einfach: Feinde lieben, Gutes tun, zinslos Geld verleihen.

Es waren überraschenderweise die Banken, die in dieser Richtung vorgeprescht sind: Wir müssen den Menschen die Chance geben, getreu der Bibel zu leben und ihr Geld praktisch zinslos herzugeben. So ist das Sparbuch entstanden. Das Sparbuch ist gelebtes Urchristentum. Wenn man genau nachrechnet, fällt Christi Geburt wahrscheinlich auf den Weltspartag.

Apropos Bankwesen, Sie kennen diesen berühmten Fall: Ein Bankkunde hatte eine größere Summe geerbt und wollte deswegen seinen hochverzinsten Hypothekenkredit auf einen Schlag zurückzahlen, da hat ihn der Filialleiter in Notwehr erschossen. Der Filialleiter hat zwar geschossen, aber der andere hat angefangen. Das sind juristische Grenzbereiche.

Die Zahl der Selbstmorde wegen Überschuldung ist in den letzten Jahren dramatisch gestiegen, oder wie es in Bankkreisen heißt: Der Kunde hat sich aus der Habenseite seiner Vita storniert. Die Kreditwirtschaft hat darauf bereits reagiert: Hinter den Geldinstituten sollen jetzt bankeigene Kundenfriedhöfe angelegt werden.

Das halte ich für ein sehr schönes Bild: das hoch aufragende Bankgebäude und zu seinen Füßen der Schuldnerfriedhof. So wie ein Baum, der weit in den Himmel ragt, sich aber von den in der Erde liegenden Wurzeln nährt.

Da schließt sich auch der Kreis für den Kunden. Er wollte ein Eigenheim und bekommt tatsächlich seine eigenen vier Wände. In solider Holzbauweise. Stammt daher auch der Slogan »Wir geben Ihrer Zukunft ein Zuhause«?

Ein Zuhause, das ist der Traum eines jeden Individuums. Unglücklicherweise ist dieser Traum oft mit einer Ehe kombiniert. Einer bisweilen bitteren Angelegenheit, vor der schon Shakespeare weise warnte: »Lieber gut gehängt als schlecht verheiratet!«

Ehe und Scheidung

DIE EHE WIRD BEGRÜNDET durch das sogenannte JA-Wort. Wobei JA-Wort als Abkürzung steht, so wie D-Day, K-Frage oder G-Punkt. Und das JA wiederum steht für Jederzeitige Auflösung. Mann und Frau geben sich also das JA-Wort und betreten dadurch eine Rechtszone, deren Ausmaß sie auch nicht annähernd erahnen. Schwungvoll, heiter und von Romantik narkotisiert betreten sie die juristische Terra incognita, als einzige Marschverpflegung Herrmann Hesses »Und jedem Anfang wohnt ein Zauber inne« im Gepäck, anstatt vorsichtshalber auch Wilhelm Buschs kluge Worte aus »Max und Moritz« mit auf die Reise zu nehmen: »Aber Ehe, Ehe, Ehe! Wenn ich auf das Ende sehe!«

Denn am Ende jeder dritten Ehe steht in Deutschland der Scheidungskrieg. Also jener Zustand, in dem zwei vormalige Turteltäubchen im Schützengraben sitzen, sich gegenseitig mit Paragrafen bewerfen und der Gesetzgeber sie unablässig mit neuer Munition versorgt.

Was extrem überrascht, ist die Zahl derer, die nach einer jahrelangen, zermürbenden Scheidung nichts Besseres zu tun haben, als sofort wieder zum Traualtar zu rennen. Dies zeigt, dass Strafe keinerlei abschreckende Wirkung hat. Stattdessen unternimmt der Täter nach der Haftentlassung alles, um schnellstmöglich wieder ins Gefängnis zu kommen.

Die Liberalisierung des Scheidungsrechts hat nicht wegzuleugnende Vorteile. Seitdem es leichter ist, sich auf legalem Wege von seinem Partner zu trennen, ist die Zahl der Tötungsdelikte in ehelichen Gemeinschaften um 53 Prozent zurückgegangen.[12]

Der wichtigste Paragraf rund um die Ehe ist §1314 2.2 BGB:

§ Ein Ehegatte kann die Aufhebung der Ehe begehren, wenn er bei der Eheschließung nicht gewusst hat, dass es sich um eine Eheschließung handelt.

Hier keimt beim unglücklich vermählten Leser Hoffnung. Kann meine hanebüchen indiskutable Ehe angefochten werden? Kommen wir daher zur Kernfrage: Wie besoffen muss man sein, dass man es nicht merkt, wenn man verheiratet wird? Wechseln wir dazu kurz hinüber ins Verkehrsrecht.

Dort liegt bei 1,1 Promille absolute Fahruntüchtigkeit vor. Und wer laut Gesetzgeber nicht mehr in der Lage ist, auf vier Rädern sicher nach Hause zu kommen, der kann wohl schwerlich auf gerade mal zwei Beinen im Vollbesitz seiner geistigen Kräfte vor den Traualtar treten. Allein der Restalkohol vom Polterabend sollte also ausreichen, um fast jede deutsche Ehe aufgrund dieser Promillegrenze anfechtbar zu machen. Und wer bei seiner Hochzeit weniger als 1,1 Promille hatte (circa drei Glas Sekt, plus Restalkohol vom Vorabend), der möge jetzt vortreten oder für immer schweigen.

Das also wäre die Rechtslage bis 1,1 Promille. Wie aber sieht's denn deutlich darüber aus? Was sagt der Gesetzgeber zur Verknüpfung von Eheschließung und zum Beispiel Alkoholvergiftung? Die Antwort liefert § 1314 2.1:

§ Eine Ehe kann ferner aufgehoben werden, wenn die Ehe im Zustand der Bewusstlosigkeit geschlossen wurde.

Anscheinend kann eine Ehe auch von Bewusstlosen geschlossen werden kann. Das überrascht. Wie viele Ehen in Deutschland auf diese Art zustande kommen, wissen wir nicht. Die Dunkelziffer ist hoch. Wie oft in Deutschland ein Ehegatte bewusstlos auf dem Standesamt erscheint, ist nicht bekannt.

Es soll bisweilen vorkommen, dass ein Ehegatte direkt vom Polterabend aufs Standesamt getragen und dem Standesbeamten vor die Füße gelegt wird. Dass der Beamte am bewusstlosen Subjekt die Trauung vollzieht, nimmt dem Vorgang doch viel von seiner Würde.

Juristisch schwierig hierbei: Laut § 1310 BGB kommt eine Ehe nur dadurch zustande, dass »die Eheleute vor dem Standesbeamten erklären, die Ehe eingehen zu wollen«. Wie das im Zustand der Bewusstlosigkeit bewerkstelligt werden soll, weiß allein der Gesetzgeber.

Gibt es bereits entsprechende Heiratsformulare?

Vor dem Standesamt erscheint der Ehegatte

(Zutreffendes bitte ankreuzen)

O im Vollbesitz seiner geistigen Kräfte
O bewusstlos

O sagt Ja
O sagt Nein
O sagt nix

Die Eheschließung erfolgte
O nach Standard
O unter Vollnarkose

§ 1314 regelt indes ja nur den Fall, »wenn *ein* Ehegatte bewusstlos ist«. Was, wenn *beide* Ehegatten bewusstlos sind? Wo ist sie geregelt, die Eheschließung unter zwei Bewusstlosen?

Zwei Ehegatten liegen bewusstlos auf dem Standesamt. Die Trauzeugen sind in Ohnmacht gefallen. Der Standesbeamte ist eingeschlafen. Vor dem Standesamt liegt narkotisiert der Pfarrer. Der Bürgermeister hat 3,5 Promille. Ist die Ehe gültig?

Wir warten auf die Klärung.

Mann und Frau im Recht

Kᴏᴍᴍᴇɴ ᴡɪʀ ɴᴜɴ zur allergrößten Ungerechtigkeit in der Justiz, kommen wir zum Thema Frau. Nicht nur, dass über 95 Prozent der Gefängnisinsassen Männer sind, obwohl sie gerade mal 49 Prozent der Bevölkerung stellen. Die Frau kommt auch bei der Länge der Bestrafung immer deutlich besser weg. Nehmen wir folgende zwei Fälle:

Fᴀʟʟ 1: *Eine Frau bringt ihren Mann um und wird gemäß § 211 StGB wegen Totschlags zu zehn Jahren Haft verurteilt.*
Fᴀʟʟ 2: *Ein Mann bringt seine Frau um und wird gemäß § 211 StGB wegen Totschlags ebenfalls zu zehn Jahren Haft verurteilt.*

Klingt auf den ersten Blick nur gerecht. Wenn man aber die Lebenserwartung von Mann und Frau betrachtet, sieht es anders aus.

Lebenserwartung der Frau: 83,3 Jahre.
Lebenserwartung des Mannes: 79,1 Jahre.

Das bedeutet: Bei einer zehnjährigen Haftstrafe verbringt der Mann 12,6 Prozent des Lebens im Gefängnis, die Frau hingegen nur 11,9 Prozent!

Eine Frau könnte also während ihres Lebens rein statistisch 8,33 Männer umbringen. Der Mann hingegen nur 7,91 Frauen. Eine himmelschreiende Ungerechtigkeit. Aber hören wir hierzu etwas aus Brüssel? Wo ist die EU-Totschlags-Gleichstellungsverordnung, die diesen Missstand beseitigt? Um Gerechtigkeit auf Erden herzustellen, muss es auch dem Mann ermöglicht werden, 8,33 Frauen umzubringen, sonst sehe ich schwarz für das friedliche Zusammenleben der Geschlechter.

Weitere Unterschiede fallen auf. Frauen begehen doppelt so viel Selbstmord*versuche* wie Männer. Männer hingegen bringen sich doppelt so oft um wie Frauen. Dies zeigt einmal mehr: Männer agieren deutlich erfolgreicher.

Woher kommt's? Ganz einfach: Frauen nehmen Tabletten, Männer erschießen sich oder hüpfen vom Hochhaus. Der kleine Unterschied ist: Wer gerade Tabletten genommen hat, kann noch den Notarzt anrufen. Wer hingegen gerade vom Hochhaus gehüpft ist … gut, da kann man unterwegs auch noch telefonieren. Ich empfehle aber die Kurzwahltaste! Also Telefonieren ginge schon, aber der Notarzt kann eben auch nur seinen Standardspruch aufsagen: »Wir kommen sofort. Bleiben Sie, wo Sie sind.« Und das wird jetzt von der naturgesetzlichen Problematik her doch ein bisschen anspruchsvoll: auf den Notarzt warten, so im freien Fall zwischen dem sechsten und achten Stockwerk ...

Juristisch gesehen gibt es einiges zu regeln zwischen Mann und Frau. Zum Beispiel folgenden Fall, festgehalten im berüchtigte Suppen-Urteil des Bundesgerichtshofs. In aller Kürze: Eine Frau bringt ihren Mann mit einer vergifteten Suppe um. Im Grunde ein klarer Fall, aber hier nun, sagt der BGH, gilt prinzipiell: Schmeckt die Suppe gut, ist es Mord. Schmeckt die Suppe schlecht, ist es lediglich Totschlag.[13]

Denn bei einer wohlschmeckenden Suppe kommt strafverschärfend Heimtücke dazu. Und Heimtücke ist ein eindeutiges Mordmerkmal.

Im anderen Fall, bei Totschlag, hat der Vergiftete gleich drei gute Gründe, sich zu ärgern:

Er ist tot.

Die Frau kommt relativ billig davon.

Und die Suppe war auch noch Scheiße.

Die betroffene Suppenköchin kann gegen das Urteil natürlich Beschwerde einlegen. Hierbei sind aber unbedingt die gesetzlichen Fristen zu beachten. Wenn es kurz vor Mitternacht ist, die Frist abläuft und das Gericht bereits geschlossen hat: kein Problem. Einfach die Beschwerde um einen Ziegelstein wickeln und durch ein Gerichtsfenster werfen. Das ist zwar Sachbeschädigung, aber die Beschwerde ist fristgerecht zugestellt. Daher auch die Bezeichnung: einschlägiger Paragraf.

Juristische Höchstleistungen
Teil 2

Wir starten unseren kleinen Überflug mit § 57 Strafgesetzbuch:

§ Niemand darf gegen seinen Willen vorzeitig aus der
Haft entlassen werden.

Der sogenannte Knacki-Kündigungsschutz.

Ein wahnsinnig wichtiger Paragraf, denn man kennt sie ja,
diese Bilder von Gefängnisrevolten, wo Häftlinge meutern,
weil sie gegen ihren erbitterten Widerstand vorzeitig aus
der Haft entlassen werden sollen.

Es gibt Paragrafen, auf die kann man in Zukunft wegen
erwiesener Wirkungslosigkeit problemlos verzichten. Hier-
unter fällt fraglos auch § 117 Ordnungswidrigkeiten-Gesetz:

§ Mit bis zu 5000 Euro Ordnungsgeld wird bestraft, wer
Lärm verursacht, der geeignet ist, die Nachbarschaft
erheblich zu belästigen.

Das hört sich zunächst wenig spektakulär an. Aber machen wir mit diesem Standardparagrafen der deutschen Ordnung einen kleinen Praxistest.

Es ist Freitagnachmittag, und wir fahren in einem voll besetzten Interregio. Mit uns im Abteil befinden sich fünf Jugendliche ohne Erziehungshintergrund, des Weiteren circa acht alkoholbedingt restlos enthemmte Bundeswehrsoldaten der Kampftrinkerbrigade Rudolf Heß, sowie ein gutes Dutzend Fußballfans der Pflegestufe drei auf dem Weg zur Auswärtsbegegnung ihres Vereins FC Bacardi mit Dynamo Underberg im Johnny-Walker-Stadion zu Bitburg. Der von dieser munteren Reisegesellschaft verursachte Lärm ist schlechthin indiskutabel; wir erheben uns, bitten kurz um Ruhe und verlesen mit fester Stimme § 117 OwiG:

 Mit bis zu 5000 Euro Ordnungsgeld wird bestraft, wer Lärm verursacht ...

Ich darf es vorwegnehmen: Der Paragraf bewahrt uns in dieser Situation selbst dann nicht vor Schaden, wenn wir auch noch § 223 Strafgesetzbuch hinterherrufen, der ja Körperverletzung *eigentlich* verbietet.

Also hier könnte man die Gesetze ein bisschen entschlacken und die Gerichte entlasten. Sie sind sowieso mit weitaus komplexeren Vorgängen beschäftigt, die ihre ganze Kraft erfordern.

Folgender Fall: Ein Gabelstaplerfahrer in Hessen unterschreibt einen Arbeitsvertrag mit diesem Passus:

§ Das Führen eines Gabelstaplers setzt absolute Nüchternheit voraus. Verstöße hiergegen werden mit der fristlosen Kündigung geahndet.

Kurz darauf erscheint der Unterzeichner des Vertrages mit respektablen 2,8 Promille am Arbeitsplatz. Der Schichtleiter schickt ihn nach Hause, der Arbeitgeber kündigt kurz darauf fristlos. Der Fall scheint klar zu sein, aber das Hessische Landesarbeitsgericht sieht das anders:

§ Die Kündigung ist unwirksam. Das Alkoholverbot im Arbeitsvertrag besagt lediglich, dass ARBEITEN unter Alkohol untersagt ist. Der Arbeitnehmer hingegen hat lediglich VERSUCHT, alkoholisiert zu arbeiten, wurde jedoch vom Schichtleiter daran gehindert.[14]

Ein Schichtleiter muss also einen Stockbesoffenen höflich zum Gabelstapler geleiten, ihm in den Fahrersitz helfen, und erst NACHDEM er das Firmengelände verwüstet und die halbe Belegschaft dahingerafft hat, darf dem Mann gekündigt werden. Das ist deutsche Rechtsprechung im Zenit ihrer Leistungskraft.

Um die Zukunft unserer Justiz muss man nicht fürchten, solange es Urteile wie das des Sozialgerichts Koblenz gibt:

§ Ein Langzeitarbeitsloser muss Behördentermine auch dann wahrnehmen, wenn der Reißverschluss der Hose klemmt.[15]

Geklagt hatte ein Hartz-IV-Empfänger gegen die zehnprozentige Kürzung seiner Bezüge, nachdem er wiederholt Amtstermine mit der Begründung abgesagt hatte, er habe an seiner einzigen Hose den Reißverschluss nicht zubekommen. Hierzu nun formuliert unser Gericht aufs Energischste die Pflicht zur Zweithose:

§ Ein Leistungsempfänger ist verpflichtet, so viele Hosen vorrätig zu haben, dass er jederzeit Termine auch außerhalb seiner Wohnung wahrnehmen kann.

Die Herausforderungen an die Justiz sind enorm. Geklärt werden muss vor allem die Frage: Darf ein Arbeitsrichter mit 2,8 Promille und kaputtem Reißverschluss in Hessen Gabelstaplerfahrer mit Zweithose werden?
Das sind die Fragen der Zukunft.

Die Wiege der Gewalt:
das Straßenverkehrsrecht

IN DEUTSCHLAND besitzen 44 Millionen Menschen den Führerschein. Das Gewaltpotenzial, das in dieser Zahl schlummert, ist nur mit jenem des freien Schusswaffengebrauchs vergleichbar. Denn insbesondere die männlichen Führerscheinbesitzer haben sich zeitgleich mit dem Erwerb der Fahrlizenz den Titel »Bester Autofahrer der Welt« verliehen. Dies führt in der Praxis zu Spannungen: An einer Kreuzung stößt der vorfahrtsberechtigt von rechts kommende weltbeste Autofahrer A mit dem ebenfalls vorfahrtsberechtigt von rechts kommenden weltbesten Autofahrer B frontal zusammen. In die Unfallstelle prallt der weltbeste Autofahrer C, der vorfahrtsberechtigt von rechts kam. Was in der physikalischen Praxis unmöglich ist, ist vor deutschen Verkehrsgerichten Alltag. Es wurde dort jedenfalls noch niemals ein Autofahrer gesichtet, der an einem Unfall Schuld hatte.

Der Deutsche neigt im Straßenverkehr zu cholerischem Verhalten, gepaart mit Mordlust.

Hier mäßigend einzuwirken, ist Aufgabe des Gesetzgebers.

Nirgendwo sonst prallt gesetzgeberische Fürsorge derart frontal auf den Willen des Individuums zur Entfaltung der gasgebenden Persönlichkeit. Wenn Bernd Bleifuß, 21, seinen Golf GTI mit soliden 118 km/h durch die verkehrsberuhigte Zone steuert und beim zügigen Passieren des Kindergartenübergangs geblitzt wird, nachts zum Tatort zurückkehrt und die Blitzampel umsägt, um der bevorstehenden obrigkeitsstaatlichen Gängelung das Beweismaterial zu entziehen, dann ist er zwar objektiv ein Riesenrindvieh, fühlt sich aber subjektiv als Robin Hood.

Das Verkehrsrecht beginnt mit einer kompletten Missachtung des menschlichen Charakters.

§ § 1 StVO: Die Teilnahme am Straßenverkehr erfordert gegenseitige Rücksicht.

Jeder hat sich so zu verhalten, dass er keinen anderen gefährdet. Diese Maxime wurde bereits erfolglos von Immanuel Kant im kategorischen Imperativ postuliert und lautet für den Straßenverkehr sinngemäß: Was du nicht willst, das man dir tu, das füg auch keinem anderen Autofahrer zu.

Gut gemeint, durchaus! Was dabei übersehen wird: Bereits wenn man den Menschen auf EIN Pferd setzt, will er wie wild davonpreschen. Hat der Mensch dagegen gleich 180

Pferdestärken unterm Hintern, wird er vollends merkwürdig.

Wer je den Blick eines Achtzehnjährigen beim ersten Betätigen des Gaspedals erlebt hat, der weiß, wovon ich spreche. Der Weg des Homo sapiens von seinem äffischen Ursprung in den Bäumen hinab auf den Boden, hinein in den aufrechten Gang, mit letztlich Spitzengeschwindigkeiten von acht km/h, vollzog sich über Millionen Jahre hinweg. Die Beschleunigung von null auf 100 km/h hingegen geht mittlerweile in 4,3 Sekunden! Hemmnisse wie § 1 StVO werden angesichts dieser enormen Beschleunigungskräfte eher nebensächlich. Eine Gesetzgebung, die das vom Homo sapiens zum Automobilisten mutierte Wesen ernst nimmt, müsste also den Kampf mit folgendem Paragrafen eröffnen: »Hör auf deine Frau. Fahr vorsichtig.«

Das wirkt, das hat Drohpotenzial, und das wäre daher mein Vorschlag für eine speziell am männlichen Charakter orientierte Neuordnung des § 1 StVO.

Aber zurück zum Kerngeschehen.

Nicht immer schafft es der Gesetzgeber, der zunehmenden Unübersichtlichkeit im fließenden Verkehr durch deutliche Worte entgegenzutreten. So nehmen wir erstaunt § 4 Personenbeförderungsgesetz zur Kenntnis:

 Als U-Bahnen gelten auch Straßenbahnen, die nicht Seilbahnen sind.

Hier überrascht zunächst die Kühnheit des Gesetzgebers. Denn der Kern der Botschaft lautet ja: U-Bahnen sind keine Seilbahnen. Gut, dass uns das endlich mal jemand gesagt hat! Für diese Annahme spricht unter anderem der enorme Höhenunterschied. Denn während die U-Bahn ihre Fahrgäste eher unterirdisch befördert, zieht sie die Seilbahn hoch hinauf auf die Berge. Die U-Bahn von der Seilbahn abzugrenzen, erschien uns daher bislang nicht als die allernotwendigste Feststellung.

Nicht minder überraschen die »Straßenbahnen, die nicht Seilbahnen sind«.

Jeder Benutzer deutscher Straßenbahnen betritt diese mit der zuversichtlichen Vermutung, eher geradlinig als vertikal zum angestrebten Ziel befördert zu werden. Ein abruptes Abheben der Straßenbahn z. B. vom Düsseldorfer Hauptbahnhof in zwar durchaus reizvolle österreichische Skigebiete zeugt fraglos von der alpinen Begeisterung des Gesetzgebers, kommt aber in der straßenbahnerischen Praxis eher selten vor. Obwohl der Reisende zunehmend auch dort auf Seilbahnen stößt, wo er sie am wenigsten erwartet. Folgende Originalmeldung aus der Zeitschrift »Focus«:

Die Nachrichtenagentur Associated Press weist ausdrücklich darauf hin, dass es sich bei der Meldung nicht um einen Aprilscherz handelt. Tatsächlich handelt es sich um satirereifen Bürokratenhorror. Die Regierung des Flachlands

Mecklenburg-Vorpommern hat unter massivem Druck der europäischen Regulierungsmetropole Brüssel ein Seilbahngesetz beschlossen, das der Landtag im Mai verabschieden soll.

Das Gesetz besteht aus 32 Paragrafen in sieben Teilen, 88 Absätzen und 580 Zeilen, ergänzt von einer Begründung mit 43 Absätzen zu Einzelvorschriften in weiteren 485 Zeilen. Das Gesetz ist vollkommen überflüssig.

Niemand wird in einem Land, dessen höchste Erhebung schon bei 179 Metern endet, jemals eine Seilbahn bauen. Das weiß die Regierung in Schwerin, und das weiß auch der schlichteste Abgeordnete, aber das Parlament wird das Gesetz dennoch beschließen. Weil alle zusammen wissen, dass sie ansonsten ein Zwangsgeld von bis zu 791.293 Euro pro Tag an die EU-Kommission zahlen müssen. Die Zwangsherrschaft in Brüssel, in Unternehmensfragen vertreten durch den finnischen Kommissar Erkki Liikanen, hat nämlich bereits ein Vertragsverletzungsverfahren gegen die Bundesrepublik Deutschland eingeleitet, weil die schon im Jahr 2000 ausgeheckte Richtlinie über das Betreiben von Seilbahnen noch nicht in ganz Deutschland in ein Gesetz »umgesetzt« worden sei.

Der Bund hat daraufhin erklärt, dass er das Zwangsgeld von den säumigen Ländern eintreiben werde. Nach Bayern, Baden-Württemberg und Nordrhein-Westfalen, wo bergige Landschaften zu Seilbahnen animieren, haben des-

*halb jetzt auch die Mecklenburger alle denkbaren Seil-
bahnprobleme geregelt: das Genehmigungsverfahren, die
Baubeschränkungen, die möglichen Ordnungswidrigkeiten
und die Strafen, die Enteignung und den Tod des Unternehmers (§ 12).*
*Auch deswegen sind die Staatskanzleien in Deutschland zu
mehr als 60 Prozent ihrer Arbeitszeit mit der Bürokratie
von Brüssel beschäftigt.«*
(Quelle: »Focus«, 15, 2004)

Von den eisigen Höhen Mecklenburg-Vorpommerns nun
wieder in die feuchtwarmen Niederungen der StVO. Vorsichtig nähern wir uns § 27:

§ Geschlossene Verbände, Leichenzüge und Prozes-
sionen (...) müssen nach hinten kenntlich gemacht
werden.

Zur Grundausstattung des juristisch versierten Priesters
zählt neben Gebetbuch und Weihrauchschwenker also
auch ein Warndreieck. Des Weiteren empfiehlt sich die
Mitnahme von entsprechenden Warnzeichen für explo-
sives Gefahrengut (an Darmblähung Verstorbene) sowie
Schwertransporte (Verstorbene über 250 Kilo).
Vom Schwertransport ist es nur ein kurzer Weg zur
Schwerbehinderung. Und was auch hier überzeugt, ist die

Fähigkeit der Justiz zu feinfühligen Wortschöpfungen. Denn die juristische Sprache liefert uns immer wieder Schmuckstücke von atemberaubender Schönheit.

So stolpern wir in der StVO unvermittelt auf den dort auftretenden »Ohnbeiner«.[16]

Ohnbeiner? Als Ohnbeiner bezeichnet der versierte Jurist einen beidbeinig Amputierten. Ein schönes, dudenfähiges Wort: Ohnbeiner. Ohnbeinerin. Ohnbeinig. Die vorangegangene Amputation wäre demzufolge die »Verohnbeinung«. Und gibt's hinterher zwei Prothesen, dann ist das die »Verohnbeinung in den vorherigen Stand« ...

Der Ohnbeiner. Wir wissen nicht, wer diese grandiose Wortschöpfung zu verantworten hat. Aber wir wissen, dass sie sich durchgesetzt hat. Denn auf wen stoßen wir außerdem in der StVO? Sie ahnen es: den Ohnhänder.

So langsam geraten wir in Regionen, die weder Hand noch Fuß haben:

Wenn ein Ohnhänder einem Ohnbeiner die Vorfahrt nimmt, gibt es dann mildernde Umstände? Denn der Ohnhänder konnte ja in Ermangelung einer Hand nicht wissen, dass der andere von rechts kommt, denn rechts ist ja da, wo der Daumen links ist.

Sie merken: Wir betreten das verminte Gelände der politischen Unkorrektheit.

Recht und Political Correctness

MIT GROSSER BEGEISTERUNG entnehmen wir dem Artikel 3 unseres Grundgesetzes:

§ Niemand darf wegen seiner Hautfarbe benachteiligt werden.

Das ist die gute Nachricht für alle, die mal auf der Bräunungsliege eingeschlafen sind. Sicher, so war das von den Verfassungsvätern eigentlich nicht gemeint. Sondern: Diskriminierung aufgrund der Hautfarbe ist nicht erlaubt. Theoretisch. In der Praxis funktioniert das allerdings nur dann, solange es nicht die *eigene* Tochter ist, die einen Neger heiratet.

Hoppla! In unseren Satz hat sich ein Unwort eingeschlichen! Natürlich, man sagt heutzutage nicht mehr einfach »Neger«. Es heißt: »Solange es nicht die eigene Tochter ist, die einen Neger oder eine Neger*in* heiratet.«

So ist es korrekt.

Die weibliche Form immer mit einbeziehen, sonst ist es diskriminierend:

> *Ich bin intolerant, denn jeder oder jede ist sich selbst der oder die Nächste.«*
> *»Vorsicht! Auf der A8 kommt Ihnen ein Geisterfahrer oder eine Geisterfahrerin entgegen.«*

Oder beim Bäcker: Bestellen Sie bitte immer nur Berliner und Berliner*innen*!
Trotzdem: Neger und Negerinnen sagt man nicht mehr, man sagt selbstverständlich Schwarze. Nehmen wir daher abschließend folgenden unverfänglichen Beispielsatz:

> *»Die Witwe war derart in Trauer, sie schlief ein Jahr lang nur mit Schwarzen.«*

Ein Satz wie dieser hat die wohltuende Wirkung, dass er den Wächtern des korrekten Geschmacks zumindest kurzfristig die Sprache verschlägt. Nicht hingegen der Justiz.
Die Sprache der Justiz bleibt in allen Lebenslagen hell und klar. Und vor allem leicht verständlich.

Die juristische Sprache

WIR ERÖFFNEN mit der Zusatzverordnung zum Wahlgesetz:

§ Viereckig im Sinne des Wahlgesetzes ist jeder achteckige Kasten.

Was will uns der Gesetzgeber damit sagen? Hat er hier dem einschlägig bekannten Volkslied »Mein Hut, der hat drei Ecken« eine populärjuristische Variante hinzugefügt?

Mein Kasten hat vier Ecken,
vier Ecken voller Pracht,
und hat er nicht vier Ecken,
dann hat er eben acht.

Nein. Gemeint ist: Für vier- und achteckige Kästen gelten dieselben Vorschriften. Durchaus griffig formuliert, diese Verviereckigung des Achtecks als sprachliche Quadratur des Kreises.

Schon vor über hundert Jahren wusste der große deutsche Rechtsgelehrte Rudolf von Jhering: »Der Jurist soll denken wie ein Philosoph, aber sprechen wie ein Bauer.«

Seit diesem Tag wartet die Justiz darauf, dass der Philosoph verquerer denkt und der Bauer komplizierter spricht.

Der Philosoph soll merkwürdige Dinge denken wie § 4 der Verordnung zur Bekämpfung der Blattlaus:

§ Eine Pflanze gilt dann als von Schildläusen befallen, wenn sich an ihr mindestens eine Schildlaus befindet, die nicht nachweislich tot ist.

Nachweislich! Hier helfen der Obduktionsbericht und ein Blick in den Totenschein.

Und der Bauer soll seltsame Sachen sagen wie: § 134 Betriebsverfassungsgesetz. (Sie werden diesen Paragrafen nie und nimmer verstehen, lesen Sie ihn aber trotzdem.)

§ Spaltet ein Rechtsträger sein Vermögen in der Weise, dass die zur Führung eines Betriebes notwendigen Vermögensteile im Wesentlichen auf einen übernehmenden oder mehrere übernehmende oder auf einen neuen Rechtsträger übertragen werden und die Tätigkeit dieses Rechtsträgers oder dieser Rechtsträger sich im Wesentlichen auf die Verwaltung dieses Vermögens beschränkt, während dem übertragenden

Rechtsträger diese Vermögensteile zur Nutzung überlassen werden, und sind an den an der Spaltung mitwirkenden Rechtsträgern dieselben Personen beteiligt, so haftet die Anlagegesellschaft auch dann, wenn die Vermögensteile bei dem übertragenden Rechtsträger verbleiben und dem übernehmenden Rechtsträger oder den übernehmenden Rechtsträgern zur Nutzung überlassen werden.

Das Faszinierende an diesem Paragrafen ist, dass man irgendwann bei dem Begriff »Rechtsträger« an etwas VÖLLIG Unjuristisches denkt.
Lesen Sie den Paragrafen nun bitte unter diesem Aspekt einfach noch mal:

§ Spaltet ein RECHTSTRÄGER sein Vermögen in der Weise, dass die zur Führung eines Betriebes notwendigen Vermögensteile im Wesentlichen auf einen übernehmenden oder mehrere übernehmende oder auf einen neuen RECHTSTRÄGER übertragen werden und die Tätigkeit dieses RECHTSTRÄGERS oder dieser RECHTSTRÄGER sich im Wesentlichen auf die Verwaltung dieses Vermögens beschränkt, während dem übertragenden RECHTSTRÄGER diese Vermögensteile zur Nutzung überlassen werden, und sind an den an der Spaltung mitwirkenden RECHTSTRÄGERN diesel-

ben Personen beteiligt, so haftet die Anlagegesellschaft auch dann, wenn die Vermögensteile bei dem
übertragenden RECHTSTRÄGER verbleiben und dem
übernehmenden RECHTSTRÄGER oder den übernehmenden RECHTSTRÄGERN zur Nutzung überlassen
werden.

Spaltet ein Rechtsträger sein Vermögen! Da denkt man
sich: Erstaunlich, was bei uns alles gesetzlich geregelt wird.
Und wenn ein Rechtsträger sein Vermögen spaltet, kriegt
dann der Linksträger die andere Hälfte oder wie oder was?
Der Rechtsträger! Und natürlich, denn wir wollen hier nie-
manden diskriminieren: die Rechtsträger*in*.
Ein sehr schöner Paragraf. Ein sehr schön langer Paragraf
auch. Dieser Paragraf ist Bestandteil der sogenannten
sprachlichen Kontinentalverschiebungstheorie, welche besagt, dass die deutsche Sprache früher einmal ein einheit-
liches Gebilde gewesen sein muss, nun aber die einzelnen
Bestandteile wie Subjekt, Prädikat, Objekt sich zunehmend voneinander wegbewegen. Der erdgeschichtliche
Zeitpunkt dieser sprachtektonischen Schollendrift lässt
sich ziemlich genau angeben: Es muss im Jura gewesen
sein. Und der Jurist ist der Neandertaler, der grammatika-
lische Frühzeitmensch, der Jäger und Sammler in der lin-
guistischen Landschaft, der Worte bereits aneinanderrei-
hen, sich seiner Umwelt aber noch nicht verständlich

machen kann. Ein Phänomen. Auch die Wissenschaft steht hier vor einem Rätsel.

Bis vor kurzem war es auch noch völlig unklar, was einen jungen Menschen dazu veranlasst, aus freien Stücken zum Juristen zu werden. Jüngste Forschungsergebnisse haben nun aber gezeigt, dass eine Überfunktion der Nebennierendrüse für diese Fehlentwicklung verantwortlich ist. Die Heilungschancen sind allerdings gering, weil der Betroffene sich im Allgemeinen uneinsichtig zeigt und eine Behandlung verweigert. Das Ergebnis ist bekannt: Juristenschwemme an den Universitäten. Und in der Folge jede Menge juristischer Highlights.

Juristische Höchstleistungen
Teil 3

1984: Auszug aus den Beförderungsbestimmungen des Frankfurter Verkehrsverbundes:

§ Fahrgäste, die Hunde gefährden können, müssen einen Maulkorb tragen.

1985: Bauverordnung in Hastings, Neuseeland:

§ Häftlinge müssen einen Gefängnisschlüssel erhalten, um im Brandfall fliehen zu können.

1987: In Wales stellt ein sehr betagtes Rentnerehepaar anlässlich eines Tagesausflugs nach Cardiff seinen VW-Käfer versehentlich in einer Autofähre ab – und meldet zwei Stunden später bei der Ortspolizei den Diebstahl des Parkhauses.

Der mit weitem Abstand denkwürdigste Einbruch wird 1996 aus Mailand übermittelt: Dort bricht ein tauber Dieb in ein Blindenheim ein. Ihn leitet die logische Überlegung, dass ihn dort ja niemand sehen kann. Er wird jedoch erwischt, weil er die Alarmanlage nicht hört.

1972: Der drastischste Fall von Notwehr ereignet sich in Dalmatien. Nachdem Zugreisende auf einer Strecke von vier Kilometern aus Jux insgesamt sechs Mal die Notbremse ziehen, hängt der Lokführer die Waggons ab und braust mit der Lokomotive entnervt davon.

Die schlechteste Schätzung durch einen Zeugen geschah vor dem Amtsgericht Essen: 400 Meter für die Breite des Opel Astra.

Und der dümmste Straftäter ist nach einem Onlinebericht des Beck Verlags der vom LG Paderborn am 26.04.2005 verurteilte Dealer, der in der Rauschgiftszene Visitenkarten mit Foto und Handynummer verteilte, um für seinen »Drogen-Home-und-Bringservice« zu werben.

Recht im Theater

Wie sieht eigentlich Ihr Recht als Theaterbesucher aus? Wie ist die juristische Situation, in der Sie sich da befinden?

Nun, zunächst einmal sitzt dem Besucher § 807 BGB an der Gurgel, wonach dieser durch den Erwerb sogenannter »kleiner Inhaberpapiere« – auf Deutsch: Eintrittskarten –, wonach also der Erwerb dieser kleinen Inhaberpapiere zwischen Besucher und Veranstalter einen Vertrag begründet, und zwar dahingehend, dass der Besucher zum Mieter einer »Ausblick gewährenden Anlage«, also eines Stuhles, wird. Gemäß § 536 BGB ist er übrigens an dieser Ausblick gewährenden Anlage zu kleineren Schönheitsreparaturen verpflichtet. Der Eintrittspreis erhöht sich hinterher leider etwas, denn er sitzt dann ja meist auf einem renovierten Altbau.

Grundlage eines Theaterabends ist das Versammlungsgesetz, nämlich § 1:

§ Jeder hat das Recht, an öffentlichen Veranstaltungen teilzunehmen.

und § 2:

Sofern derjenige keine Waffe dabei hat.

Unbewaffnet ins Theater, das ist natürlich ein bisschen schade, denn es macht immer sehr viel Freude, wenn an den besonders heiteren Stellen zur Anfeuerung in die Luft geschossen wird.

Aber der Gesetzgeber sagt nun mal: Wenn ein bewaffneter Zuschauer in der Begeisterung versehentlich einem anderen Zuschauer den Kopf wegschießt, ist das ein klarer Verstoß gegen das Versammlungsgesetz. Und er darf dann nicht mehr länger verweilen. Das *ist* hart, aber so *sind* die Regeln! Ansonsten steht dem ordnungsgemäßen Verlauf eines Theaterabends nichts im Wege: § 5 regelt, dass eine Versammlung nicht verboten werden darf. Außer, wenn sie einen aufrührerischen Verlauf nimmt, das heißt, wenn sich die Zuschauer zusammenrotten, um gemeinsam an den Säulen der freiheitlichen Grundordnung zu rütteln.

Greifen wir mal exemplarisch folgendes, eher allgemeines Problem heraus: Wer muss einem Besucher nach einer Theateraufführung das Taxi bezahlen, wenn er den Bus verpasst, weil sein Nebensitzer es versäumt hat, ihn rechtzeitig aufzuwecken?

Rein rechtlich ist der Fall natürlich klar: Der Nebensitzer ist schuld, vorausgesetzt, es wurde mit ihm vor der Veranstaltung ein sogenannter *Weckvertrag* abgeschlossen. Und er muss nur dann nicht bezahlen, wenn er nachweisen kann, dass er unverschuldet selber *auch* eingeschlafen ist.

Das kleine Einschlafbeispiel führt uns direkt zur juristischen Kernfrage. Und die heißt natürlich nicht »Wer hat Recht?«, sondern »Wer bezahlt?«. Und damit sind wir bei einem weiteren wichtigen Paragrafen dieses Kapitels gelandet, nämlich bei § 265a Strafgesetzbuch:

§ Wer den Zutritt zu einer Veranstaltung in der Absicht erschleicht, das Entgelt nicht zu entrichten, wird mit Freiheitsstrafe bis zu einem Jahr bestraft.

Ja, da zucken jetzt einige Leser doch schwer zusammen. Sie gehen ins Kabarett, bezahlen nicht und wachen im Gefängnis wieder auf. Da kann ich nur dringend raten: Geben Sie sich frühzeitig zu erkennen. Wenn das Stück erst zur Hälfte rum ist, kommen Sie vielleicht noch mit sechs Monaten Knast davon.

Das gilt natürlich nur für Einzeltäter.

Fassen zwei Individuen den Vorsatz, keinen Eintritt zu zahlen, dann haben wir es bereits mit einer kriminellen Vereinigung zu tun. Da gilt das weit höhere Strafmaß für Bandenkriminalität: fünf Jahre.

Die nächste juristisch relevante Personenzahl wäre dann elf. Ab elf sogenannten Leistungserschleichern liegt eine »Menschenmenge« gemäß § 124 Strafgesetzbuch vor. Also Hausfriedensbruch. Man sieht, ab elf Personen geht der Ärger erst richtig los. Das wird jeder Fußballtrainer bestätigen können.

Und schließlich noch 24 Personen. 24 böse Menschen, die zum Zweck der Eintrittsprellerei ins Theater gehen, die erkennt der Jurist sofort. Denn die gelten als Reisegruppe und müssen einen Arzt dabeihaben. Sofern sie mit dem Schiff angereist sind. § 26 Schifffahrtsgesetz! Merken Sie sich diesen Paragrafen.

Wir halten fest: Das Theater hat ein einklagbares Recht auf Zahlung des Eintrittsgeldes. Umgekehrt hat der Besucher natürlich ebenfalls einen Anspruch auf Rückerstattung. Unter gewissen Umständen.

Was muss bei einer Theaterveranstaltung eigentlich schiefgehen, damit man sein Geld zurückkriegt? Der Gesetzgeber unterscheidet hier drei Möglichkeiten:

1. Rückerstattung wegen vorsätzlicher Irreführung. Das klappt eigentlich nur bei ganz derben Verletzungen. Also, wenn zum Beispiel in der Ankündigung steht, dass es was zu lachen gibt, und dann kommt Oliver Pocher. Da würde ich dafür plädieren: Eintrittspreis zurück, *plus* Schmerzensgeld.

Dann haben wir 2.: Rückerstattung wegen Streik. Da wäre

Folgendes denkbar: Eine Schauspieltruppe erklärt die erste Hälfte des Abends komplett zum Warnstreik, sagen wir, um eine längere Pause zu erzwingen. Und in der zweiten Hälfte streikt die Truppe dann für einen früheren Feierabend weiter. In diesem Fall gibt's das Geld natürlich zurück, vorausgesetzt, die Besucher sind bis zum Schluss dageblieben, weil diese sonst nicht wissen, ob das Stück nicht doch noch begonnen hat. Und selbst, wenn sie bis zum Schluss bleiben und es passiert nichts, kann man – gerade beim modernen Theater – nicht sicher sein, ob der Streik vielleicht nicht doch das Stück war. Sehr problematisch also.

Und schließlich: Diese Regelung gilt speziell für humoristische Darbietungen – Rückerstattung wegen mangelhafter Pointenqualität. Hier gilt kategorisch: Selbst bei noch so haarsträubenden Pointen lässt sich juristisch nichts machen.

Gar nichts. Hier sagt selbst das Bundesverfassungsgericht: Pech gehabt, das ist eben künstlerische Freiheit. Der Komiker kann auf der Bühne oben den ganzen Abend einen Riesenschmarrn erzählen, es gibt keinen Cent zurück.

Mit der Rückerstattung sieht es also eher schlecht aus. Ein etwaiger Anspruchsausgleich ist nur für den eher tragischen Fall denkbar, dass der Zuschauer während der Veranstaltung verstirbt. Dann nämlich tritt sein gesetzlicher Rechtsnachfolger, sprich: Erbe, in den Vertrag ein und darf sich die Veranstaltung zu Ende anschauen. Etwas komplizierter liegt der Fall natürlich, wenn es sich bei dem Rechtsnachfolger um eine Erbengemeinschaft handelt. Hier würde ich empfehlen, die Sache auf sich beruhen zu lassen und den Toten in aller Stille zu Grabe zu tragen. Bestimmte Umstände können eine Minderung des Eintrittspreises bewirken:

10 Prozent Minderung zum Beispiel gibt es, wenn Ihr Stuhl asbestverseucht ist.
Immerhin 15 Prozent gibt es, wenn Ihr Stuhl zu tief liegt; da greift der Mietzins für Kellerwohnungen.
Stolze 33 Prozent gibt es, wenn der Nebensitzer stinkt wie ein nasser Hund.

Laut AG Köln 1989 gibt es sogar 35 Prozent, wenn der Nachbar muffelt wie ein feuchtes Frettchen. Oder wie altes Katzenfutter an schwülen Sommertagen.
Schwierig wird es, wenn der Sitznachbar Wanzen hat. Damit hier ein Minderungsanspruch entsteht, muss der Besucher von der Wanze gebissen werden. Bei sehr tiefen Bisswunden kann man mit etwas juristischer Kreativität die Kampfhundeverordnung anwenden. Es muss dann aber nachgewiesen werden, dass es sich bei dem Tier um eine Pitbullwanze gehandelt hat, also eine Wanze mit einem schwarzen Fleck über dem Auge. Da muss man eben mal genau hinschauen. In diesem Fall wäre der Halter

verpflichtet gewesen, seine Kampfwanze für die Dauer der Vorstellung anzuleinen.

Dauert das Theaterstück übrigens länger als zehn Stunden, dann müssen Warnhinweise aufs Plakat: »Dieses Stück kann Thrombose verursachen.«

Bei sehr langen Programmen sind deswegen immer ein paar Selbstmörder anwesend, Menschen, die sich sagen: Heut geh ich ins Theater, heut bring ich mich um!

Man könnte sich natürlich genauso gut daheim reglos in die Küche setzen und achtzehn Stunden lang den Flug Frankfurt–Hongkong nonstop simulieren. Da hat man gute Chancen auf eine Flugthrombose. Und wenn's nicht klappen sollte, gibt es ja immer noch den Rückflug.

Wir alle haben uns ja schon oft über die Sitzordnung im Theater geärgert. Denn die ist völlig planlos und keineswegs gerecht im Sinne des Gesetzgebers.

Ich habe daher einen Sitzplan erarbeitet, der insbesondere die Bemühungen der EU um mehr Gerechtigkeit berücksichtigt. Auf der nächsten Seite finden Sie meinen Plan für eine EU-gerechte Sitzordnung. Mit der Bitte um Aushang in sämtlichen deutschen Theatern.

Da kann dann nicht mehr viel schiefgehen.

EU-Sitzordnung nach Gerechtigkeitskriterien

1. Die großen, sperrigen Zuschauer müssen gerechterweise nach ganz hinten, wo sie niemandem die Sicht versperren. Umgekehrt erhalten Kleinwüchsige einen Platz ganz vorne.
2. Des Weiteren ist es nur gerecht, wenn Zuschauer, die nicht mehr so gut hören, näher an die Bühne heranrücken dürfen. Wogegen diejenigen mit gutem Gehör nach hinten zu den Sperrigen müssen.
3. Zur Vermeidung von Härtefällen gilt: Ein Riese mit Hörgerät rückt prinzipiell zwei Reihen nach vorne. Wogegen ein Zwerg, der sehr gut hört, immer im Mittelfeld landet; wo er zwar überhaupt nichts mehr sieht, aber immer noch alles hört, und das ist mindestens genauso gerecht, wie wenn ein Riese nichts mehr hört, aber immer noch alles sieht.
4. Die Sperrigen sitzen nicht ganz hinten, sondern nur in der vorletzten Reihe. Denn hinter den Sperrigen sitzen dann noch die Blinden, weil die ja sowieso nichts sehen. Und außerdem bekanntlich sagenhaft gut hören.
5. Optimal besetzt ist die letzte Reihe gerechterweise mit blinden Zwergen, weil die von Haus aus praktisch doppelt nichts sehen.
6. Außerdem gilt: Menschen mit unterentwickeltem Humorzentrum werden kategorisch gezwungen, sich neben eine Stimmungskanone zu setzen. Also ein Trauerkloß sitzt IMMER neben einem Lachsack und nie neben einem weiteren Schnarchzapfen.

Das Mietrecht

Im Mietrecht versucht der Gesetzgeber, zwei komplett unterschiedliche Sichtweisen in eine gerichtsfeste Form zu klopfen. Aus Sicht des Mieters ist der Vermieter »ein geldgeiler Sack«. Aus Sicht des Vermieters ist der Mieter »Gesindel, das die Wohnung verlumpt«. Wie so oft, liegt die Wahrheit auch hier in der Mitte. Mieter und Vermieter sind völlig unterschiedliche Lebensformen, die nur eines gemeinsam haben, nämlich, dass sie sich gegenseitig nicht über den Weg trauen. Hier gesetzgeberisch für Entspannung und Harmonie sorgen zu wollen, gleicht dem Versuch, mit Paragrafen das Verhältnis zwischen Hund und Katze zu regeln. Oder Israelis und Arabern. Mit dem Unterschied, dass Israel die Atombombe hat, der Vermieter hingegen nicht. Zumindest wird dies vom Bundesverband der Hausbesitzer auf Anfrage heftig dementiert.

Der Gesetzgeber hat zur Eskalation viel beigetragen. Dass ein Wohnungseigentümer seine Wohnung ohne Zustimmung des Mieters nicht mehr betreten darf, treibt ihn regelmäßig zur Weißglut. Es beraubt ihn nämlich der Möglichkeit, überraschend angerückten Verwandtschaftsbesuch kurzfristig im Gästezimmer seines Mieters einzuquartieren. Ja, wo bleibt denn da die Gerechtigkeit?

Laut zuverlässigen Quellen wie BILD ist es juristisch nicht möglich, einen unliebsamen Mieter aus seiner Wohnung zu entfernen. Selbst nach dem Komplettabriss des Hauses steht er noch hartnäckig in den Trümmern und geht nicht weg. Stattdessen wartet er auf den Wiederaufbau des Hauses, um in eben jenem das Mietverhältnis störrisch fortzusetzen. Juristisch gibt es hiergegen keinerlei Handhabe, so BILD. In Wahrheit geht es noch viel schlimmer zu! Und nicht alle Hausbesitzer können ihre Immobilie problemlos nach Nevada, USA, befördern, wo die durchschnittliche Kündigungsfrist zwölf Tage beträgt.

Wie könnten die beiden Parteien zufriedengestellt werden? Zum Beispiel so:

Mieter Martin Messi hat seit 1983 nichts mehr weggeworfen und seine Miete nicht mehr bezahlt. Sämtlichen Müll hortet er penibel in seiner Wohnung, wo sich der Müll bis zur Decke stapelt und Martin Messi sich nur noch kriechend in einer Art Höhlensystem bewegen kann. Vermieter Willy Weißglut versucht seit zehn Jahren, ihn aus der Wohnung zu klagen, allerdings ohne Erfolg, weil das entsprechende Einschreiben nicht mehr durch den Briefschlitz passt. Das zuständige Landgericht erklärt sich für überfordert und verweist zur Entscheidung an den Bundesgerichtshof. Der BGH erklärt sich für nicht zuständig und verweist zur Entscheidung an den Europäischen Gerichtshof. Der EGH entscheidet nach Akteneinsicht und erklärt die Wohnung von Martin Messi zum Weltkulturerbe. Fortan lebt Willy Weißglut prächtig aus den Subventionstöpfen der EU und singt ein Hohelied auf die Justiz.

Lärmschutz!!!

DAS LÄNGSTE VON MENSCHENHAND errichtete Bauwerk ist bekanntlich die Chinesische Mauer. Auf Platz zwei liegt dann der Einwandererschutzzaun zwischen den USA und Mexiko. Und dann kommt aber meines Wissens bereits Deutschland. Und zwar dieses Bauwerk zwischen Stuttgart und Frankfurt entlang der Autobahn, die fast durchgehende Lärmschutzwand. Da drängt sich die Frage geradezu auf: Brauchen wir Lärmschutzwände entlang unserer Autobahnen? Und die Antwort ist: Ja, selbstverständlich! Vor allem deswegen, damit die Autofahrer nicht ständig durch das Geschrei der Autobahngegner gestört werden. So ein Autobahnanwohner erreicht ja, wenn er seinem Ärger Luft macht, oft über 120 Dezibel, die Lärmschutzwand zwischen dem friedliebenden Autofahrer und dem Protestierer ist eine Notwendigkeit, damit es beim Autofahrer nicht zu schwersten Hörschäden kommt.

Ruhe, bitte! Sonst verstoßen wir gegen diverse Lärmschutzbestimmungen.

Eine davon ist: Kirchengeläut ist nur bis maximal 60 Dezibel erlaubt. Besonders das viertelstündliche Zeitansageläuten, das kann die gottlose Anwohnerschaft neben Kirche und Pfarrhaus im Lärmpegel gerichtlich so stark runterdrücken, dass im Extremfall der Pfarrer höchstpersönlich auf den Glockenturm kraxeln muss, dort aber nur ganz leise »Bimbambimbam« vor sich hinmurmeln darf. Oder, wegen der exakten Zeitbestimmung für den Zuhörer, zur vollen Stunde »Bam«, zur Viertelstunde »Bim«. Und wenn man mal »Bumm« hört, dann hat sich der Pfarrer aus Verzweiflung vom Glockenturm gestürzt.

Bimbambumm. Ein religiöser Lebenslauf in der Kurzfassung.

Das Recht auf Information: ein Exzess

DIE ZUKUNFT DES FERNSEHENS sehe ich eher pessimistisch. Denn der deutsche TV-Zuschauer will einfach immer wieder sehen, wie Rosamunde Pilcher am Wörthersee Hansi Hinterseer mit Caroline Reiber verkuppelt, beide glücklich auf dem Traumschiff in die Karibik aufbrechen und sich dort in der Klinik unter Palmen zu den Trompetenklängen von Stefan Mross das Eheversprechen geben und anschließend bei Johannes B. Kerner darüber diskutieren, warum sie heute Abend nicht bei Reinhold Beckmann sitzen.

Meine Generation ist ja noch mit komplettem Fernsehen groß geworden. Heute ist das Fernsehen amputiert. Es fehlt dem Fernsehen etwas ganz Entscheidendes: das Ende.

Früher war um spätestens ein Uhr nachts – Obacht, liebe junge Menschen unter uns, jetzt kommt ein Wort, das ihr nicht kennt – Sendeschluss. Früher war das Fernsehen technisch in der Lage, nichts zu senden.

Diese Fähigkeit ist dem Fernsehen irgendwann Ende der 8oer-Jahre abhanden gekommen, eventuell durch einen Kurzschluss im Sendezentrum. Also: Sendeschluss weg. Daran hatte man sich irgendwann gewöhnt. Dann kam der nächste Hammer: das Laufband. Ich weiß nicht, wann Sie bemerkt haben, dass da am unteren Bildschirm noch irgendwas rumwuselt. Ich hab am Anfang noch den Fernseher nach hinten gekippt, damit das nach unten irgendwie rausläuft. Das geht da aber nicht weg. Es sind auch rasend wichtige Informationen, die da angerollt kommen:

Niederschlagsmenge pro Quadratmillimeter in Kuala Lumpur. Handgemessene Wassertemperatur in Westpatagonien…

Und das ist nur das untere Laufband! Drüber laufen ja noch die Breaking News mit den neuesten Sensationen:

Der kaukasische Abwehrspieler Pjotr Pjerrunje wechselt von Spartak Sawarabirsk zu Lokomotive Leptossomov.

Pjotr Pjerrunje zu Lok Leptossomov! Da geht ein Raunen durchs Wohnzimmer!
Aber immerhin: Die Bänder laufen in dieselbe Richtung! Dafür muss man schon mal dankbar sein. Denn wahrscheinlich kommt irgendwann ein wahnsinniger Programmchef auf die Idee, dass das Fernsehen *noch* interessanter wird, wenn das obere Band von links nach rechts

läuft, das untere aber genau andersrum. Unten: »Giga-Global-Geldanlage-Sicherheits-Garantie-Fonds minus 98 Prozent«. Und darüber die Breakings News: »Zuschauer erleidet beim Simultanbetrachten mehrerer gegenläufiger Infobänder schweren Hirnschlag.«

Aber das ist noch nicht alles! Links oben in der Ecke ist ja die Livekamera von der Zugspitze und auf der anderen Seite die Weltuhr mit der genauen Zeit in Rangun. Es ist mir bis heute schleierhaft, wozu ich wissen muss, wie spät es gerade woanders ist. Breaking-News-Topmeldung: »In Timbuktu ist es jetzt zwei Stunden früher.« Da sagt sich natürlich ein jeder: Da fahr ich sofort hin! Denen sag ich, dass es bei uns zwei Stunden früher ist, dann haben die eine Topmeldung für ihr Laufband! Und wählen mich aus Dank zum König.

Diese Informationsflut ist beeindruckend. Allein mit dem Wissen, das heutzutage auf einem lumpigen Joghurtbecher vermittelt wird, kriegt man in Berlin das Abitur. Und zwar das für Hochbegabte. Und in Zukunft wird das Wissen dramatisch anwachsen!

Auf der Pizzaverpackung: »Zu viel Pizza macht dick. Fangen Sie erst gar nicht mit Pizzaessen an. Ihr Italiener hilft Ihnen dabei.« Ja, von wegen!

Wie wird ein uns allen bekanntes Produkt in Zukunft aussehen? Das hier ist der Maggi-Brühwürfel im Jahr 2012:

Der Würfel ist immer noch gleich groß, aber die Packung hat deutlich expandiert, damit eben sämtliche gesetzlich vorgeschriebenen Infos draufpassen.

Und zwar neben den Standardinfos wie Kaloriengehalt, Fettanteil, Verfallsdatum, aktuelle Terrorwarnstufe außerdem noch im Einzelnen:

> **Punkte sammeln fürs das große GEWINNSPIEL: Ausschneiden und sammeln! Dem Gewinner winkt ein pädagogisch betreuter Besuch auf der Offshore-Raucherplattform vor Spiekeroog.**

> **BODYMASS-INFO: Mit dem Kauf dieses Produkts unterstützen Sie den Bau einer Diät-Haftanstalt für Übergewichtige.**

> **WARNUNG: Brühwürfel nicht als Kohleanzünder verwenden.**

> **WARNUNG: Brühwürfelsuppe kann zusammen mit reichlich Schweinebraten und Kartoffelknödel zu Sättigungserscheinungen führen.**

> **WARNUNG:** Brühwürfel nicht als Zäpfchen einführen!

> **WARNUNG:** Bereits täglich 200 Brühwürfel können zu Brüh-
> würfelabhängigkeit führen. Bei ersten Anzeichen von Brüh-
> würfelsucht wenden Sie sich an den EU-Brühwürfelsuchtberater
> in Ihrer Nähe.

> **WERBUNG:** Hier könnte Ihr Warnhinweis stehen.

Wer soll das beim Einkaufen alles lesen? Da muss ich morgens um acht schon zu Aldi, damit ich rechtzeitig zum La-
denschluss mit der Lektüre durch bin! Vielleicht wurde ja
deswegen die Ladenöffnungszeit verlängert: Damit man
genug Zeit zum Lesen der Warnhinweise hat!

Und diese Brühwürfelpackung ist erst der Anfang! Bis
zum Jahr 2020 ist sie zwei Meter hoch, und es steckt ein le-
bendiger Anwalt drin.

Überall diese überschäumende Informationsflut. Auf einer
simplen Eierpackung muss bis in ein paar Jahren voraussichtlich stehen: Es war ein Wunsch-Ei. Der Hahn war bei
der Geburt dabei. Er hat gemeinsam mit der Henne einen
Legevorbereitungskurs absolviert, bei den Presswehen
mitgeatmet. Und die Henne war nach dem Legen sechs
Wochen lang in Mutterschaftsurlaub.

Gefängnisse

GEFÄNGNISSE, WIE WIR SIE KENNEN, gibt es in unseren Breitengraden erst seit ungefähr dreihundert Jahren. Davor hätte das auch gar keinen Sinn gehabt. Da war es üblich, dass die Menschen sechzehn Stunden am Tag hart arbeiten mussten. Wer so jemanden bei voller Verpflegung einsperrt, der macht ihm die größte Freude.

Es wird derzeit ja viel über Neuerungen im Strafvollzug diskutiert. Stichwort »Elektronische Fußfessel«. Das ist die Rückbesinnung auf gute alte Erziehungsmethoden: Stubenarrest. Irgendwann landen wir wahrscheinlich auch wieder bei der Prügelstrafe. Da gehen Sie zum Richter, der haut Ihnen eine rein, damit ist der Fall erledigt.

Dagegen ist diese elektronische Weglaufsperre doch recht grausam. Sie sitzen monatelang zu Hause mit einem Ring am Bein. Wie eine Brieftaube ohne Starterlaubnis. Und dann sehe ich auch noch folgendes Problem: Was macht man eigentlich beim Ohnbeiner?

Wie gesagt, Gefängnisse gibt es erst seit ungefähr dreihundert Jahren. Davor waren die sogenannten Spiegelstrafen sehr beliebt. Spiegelstrafe bedeutet, dass die Strafe die Tat widerspiegeln soll. Also zum Beispiel Zunge abschneiden bei lügenhafter Aussage. Oder Gebrauchtwagenhandel. Die Spiegelstrafe hatte den Vorteil: Wenn Ihnen damals jemand auf der Straße mit abgehackten Händen entgegenkam, wussten Sie sofort: Aha, der hat geklaut. Also ein schwerer Verstoß gegen den Datenschutz! Deswegen darf man das heute nicht mehr machen. Hand abhacken ist ein schwerer Eingriff in die informelle Selbstbestimmung des Bürgers. Hingegen: Rübe ab, das ginge datenschutzrechtlich in Ordnung. Denn wenn Ihnen jemand ohne Kopf entgegenkommt, bleibt seine Anonymität gewahrt.

Unerkannt bleiben ist die wichtigste Regel bei allen Straftaten. Die beliebtesten Gesetzesübertretungen sind übrigens: besoffen Auto fahren und das Finanzamt bescheißen. Also in *einer* Straftat zusammengefasst: Trunkenheit am Steuerhinterziehung.

Ebenfalls sehr beliebt: die Beleidigung. Es ist hierzulande mittlerweile eine höchst tadelnswerte Unsitte geworden, wegen jeder Kleinigkeit zur Polizei zu rennen.

Eine geschickte Gegenbeleidigung verschafft wesentlich ergiebiger Satisfaktion. Ich erinnere hier an Winston Churchill, der während einer Parlamentsdebatte von einer Abgeordneten mit dem Zwischenruf geschmäht wurde: »Wenn Sie mein Mann wären, würde ich Ihnen morgens den Kaffee vergiften.« Und der darauf souverän konterte: »Wenn Sie meine Frau wären, würde ich ihn trinken.« So macht man das, ohne Anzeige, rasch und gründlich.[17]

Aber verweilen wir noch ein wenig bei der Beleidigung, insbesondere die des Beamten. Hierzu ein kleiner Tipp aus der aktuellen Gesetzgebung. Das OLG Düsseldorf hat dankenswerterweise entschieden: Wenn Sie einem Polizisten mit *einem* Finger den Vogel zeigen, dann kostet das 700 Euro. Mit zwei Fingern hingegen kostet es nichts. Deswegen: Finger gepaart, Geld gespart.[18]

Und schließlich noch ein weiterer Renner unter den beliebtesten Gesetzesverstößen: Fahrraddiebstahl. Denn hier haben wir die niedrigste Aufklärungsquote.

Wer hundert Fahrräder klaut, wird statistisch nur zweimal erwischt. Die Chance, geschnappt zu werden, ist also verschwindend gering. Und wenn doch, haben Sie immer noch 98 Fahrräder übrig.

Außerdem lässt sich mit einem raschen Blick auf den Kalender die Strafe verkürzen. Sagen wir, der Richter verhängt ein halbes Jahr Gefängnis; da empfehle ich die sechs Monate von September bis Februar. Im Februar sind's schon mal zwei Tage weniger, und im Oktober geht gratis noch eine Stunde Winterzeit weg. Deswegen: Bei der Straftatplanung immer auch ein bisschen aufs Datum gucken. Lässt sich der Bankraub nicht doch einen Monat verschieben? Muss ich dem Nachbarn gleich eins auf die

Mütze hauen, oder reicht es auch noch in zwei Wochen? Strafantritt 1. September, das ist das Ziel. Außer bei Lebenslänglich, da ist es eh wurscht.

Wenn Sie ins Gefängnis müssen, ist der Urlaub auf Jahre hinaus gestrichen. Zum Mittagessen gibt es nur billigen Fraß. Und Sie wissen nicht, ob Sie aus dem Schlamassel jemals wieder herauskommen. Kurzum: Als Gefangener fühlen Sie sich wie jemand, der gerade frisch gebaut hat.

Mit dem einen Unterschied: Als Totschläger kriegen Sie maximal zehn Jahre Freiheitsentzug, als Häuslebauer Minimum zwanzig. Gut, viele werden zur Zwangsversteigerung begnadigt. In die Fachsprache ist das als Hypotheken-Amnestie eingegangen.

Angesichts solcher Verbrechen werden die Rufe nach angemessener Strafe zu Recht lauter. Das Repertoire des Gesetzgebers indes ist auf diesem Sektor stark begrenzt.

Denn es gibt in der Tat kaum echte Alternativen zum Gefängnis. Strafgaleeren sind leider aus der Mode gekommen. In der Hochseeschifffahrt wird eben nur noch ganz selten gerudert. Das *Modell* Strafgaleere ließe sich aber modernisieren: Sie steigen zum Urlaubsbeginn ins Auto, und zwei Verbrecher schieben Sie nach Italien.

Die Bekämpfung des Verbrechens

EIN BETRÄCHTLICHER TEIL der deutschen Konsumkraft entsteht durch Schwarzarbeit und Steuerhinterziehung. Größte Schädlinge der Volkswirtschaft sind daher jene, die beides zu bekämpfen suchen. Also Justiz- und Finanzbehörden.

Zur Bekräftigung dieser These folgender Vorfall aus der Praxis:

Schwarzarbeiter Norbert Netto kriegt fürs Fliesenlegen im Neubaugebiet hundert Euro bar auf die Kralle. Fünfzig Euro versäuft er abends in der Pilsbar, fünfzig Euro bekommt die Frau, die es damit aber auch nicht lange aushält und das Geld zügig dem Einzelhandel zuführt. Damit landen hundert Euro bei der notleidenden Bevölkerung.

Dagegen: Lohnknecht Bruno Brutto kriegt fürs Fliesenlegen hundert Euro, von denen er aber nur vierzig Euro sieht. Der Rest landet beim Finanzamt und über verschlungene Wege letztlich bei Bruno Bruttos Kulturbürgermeister, der

damit in der Stadthalle ein avantgardistisches Oberton-
konzert vor zwölf Zuschauern subventioniert. Davon hat
niemand was.
Fazit: Norbert Netto geht mit dem Geld besser um.

Gehen wir sehr behutsam weiter, denn wir betreten aber-
mals vermintes Gelände. Es gibt keine gesicherte Berech-
nung, aber es besteht die Gefahr, dass die Bekämpfung des
Verbrechens den Steuerzahler wesentlich mehr kostet, als
das Verbrechertum an Kosten verursacht.

Folgendes Beispiel: Ein Ladendieb verursacht einen Schaden von sechs Euro. Er klaut immer wieder, deshalb setzen
wir den Schaden auf circa 200 Euro an. Gehen wir davon
aus, dass er zehn Jahre nicht erwischt wird, entstünde ein
Schaden von etwa 2.000 Euro.

Damit wäre die Sache volkswirtschaftlich erledigt.

Wird er aber gefasst und angezeigt, kommt eine Kosten-
lawine ins Rollen. Anwalt, Staatsanwalt, Gerichtskosten
belaufen sich auf 1.000 Euro. Hinzu kommt eine Gefäng-
nisstrafe von sechs Monaten à 110 Euro pro Tag; macht
zusammen circa 20.000 Euro. Also das Zehnfache. Sechs
Monate in einer Pension auf Mallorca sind bereits für 3.000
Euro zu haben. Es wäre also billiger, dem Täter ein halbes
Jahr Urlaub auf Mallorca zu spendieren, statt ihn in
Deutschland einzusperren. Ganz zu schweigen von Bus-
reisen nach Franken.

Natürlich, ich höre das Geschrei vom Deutschen Anwalts-
verein: die Rechtssicherheit!
Ladendieben Urlaub bezahlen, dann klaut doch jeder!
Hier wende ich ein: Glaub ich nicht! Und außerdem:
Ladendiebe sind größtenteils Kleptomanen! Die klauen
immer! Schicken wir sie also nach Malle, wo sie außerhalb
der deutschen Volkswirtschaft weiterklauen.

Die NJW:
der Gipfel juristischer Komik

DIE »NEUE JURISTISCHE WOCHENSCHRIFT« ist das Zentralorgan der Juristen. Nach einem Urteil des Bundesgerichtshofs aus dem Jahr 1968 ist jeder Anwalt verpflichtet, die NJW zu lesen. Und die erscheint wöchentlich. Das ist Buchclub in der verschärften Version. Aber das Lesen lohnt sich. Wunderschöne Urteile finden sich hier, wie jenes vom vierten Bezirksgericht Wien:

§ Schnee auf dem Autodach gehört dem Fahrzeughalter.

Gut, dass dieser wichtige Streitpunkt endlich mal geklärt wurde.

Und was man in der NJW auch zuverlässig findet, sind Urlaubsurteile. Wie zum Beispiel dieses hier: »In dem guten Glauben, einen dreiwöchigen Mittelmeerurlaub auf Kreta zu verbringen, hatte ein Ehepaar aus Norderstedt bereits zwei dieser drei Wochen hinter sich gebracht, bevor es entdecken musste, dass es sich in Wahrheit in einem Hotelkomplex auf

Gran Canaria befand. Folgt man nun dem Amtsgericht Hamburg, so handelt es sich hierbei keineswegs um einen Einzelfall. Amtlichen Schätzungen zufolge fallen circa dreißig bis vierzig Urlauber jährlich einem solchen Manöver zum Opfer, ohne überhaupt etwas davon zu bemerken.«

Dieses Urteil ist natürlich erstunken und erlogen. Aber der folgende, authentische Fall zeigt, dass die juristische Praxis jedes Fantasieprodukt weit überflügelt. Am 24. April 1991 entnehmen wir den Gerichtsunterlagen des Amtsgerichts Mönchengladbach folgenden Sachverhalt:

§ Der Kläger hatte bei einem Reiseveranstalter für sich und seine Lebensgefährtin eine Urlaubsreise nach Menorca gebucht. Geschuldet war die Unterbringung in einem Doppelzimmer mit Doppelbett. Der Kläger trug vor, nach der Ankunft habe er feststellen müssen, dass es in dem ihm zugewiesenen Zimmer kein Doppelbett gegeben habe, sondern zwei separate Einzelbetten, die nicht miteinander verbunden gewesen seien. Bereits in der ersten Nacht habe er weiter feststellen müssen, dass er hierdurch in seinen Schlaf- und Beischlafgewohnheiten empfindlich beeinträchtigt worden sei. Ein »friedliches und harmonisches Einschlaf- und Beischlaferlebnis« sei während der gesamten 14-tägigen Urlaubszeit nicht zustande gekommen, weil die Einzelbetten, die zudem noch auf rutschigen Fliesen gestanden hätten, bei jeder kleinsten Bewegung mittig auseinandergegangen seien. Der Kläger verlangt Schadensersatz wegen nutzlos aufgewendeter Urlaubszeit.

Die Klage wurde zurückgewiesen. Und zwar vom höchst zu lobenden Amtsgericht Mönchengladbach mit folgender Begründung.

§ Der Kläger hat nicht näher dargelegt, welche besonderen Beischlafgewohnheiten er hat, die fest verbundene Doppelbetten voraussetzen.

Das fängt schon mal gut an! Aber nun kommt der schönste, klügste und vor allem komischste Satz der deutschen Rechtsgeschichte:

§ Dem Gericht hingegen sind mehrere Variationen des Beischlafs bekannt, die auf einem einzelnen Bett ausgeübt werden können, und zwar durchaus zur Zufriedenheit aller Beteiligten.

Dann wird der Kläger streng logisch zur Strecke gebracht:

Der Kläger hat ein Foto der Betten vorgelegt. Auf diesem Foto ist zu erkennen, dass die Matratzen auf einem stabilen Rahmen liegen, der offensichtlich aus

Metall ist. Es hätte nur weniger Handgriffe bedurft und wäre in wenigen Minuten zu erledigen gewesen, die beiden Metallrahmen durch eine feste Schnur miteinander zu verbinden.

Bravo! Bravo!! Bravo!!!

Es mag nun sein, dass der Kläger etwas Derartiges nicht dabeihatte. Eine Schnur ist aber für wenig Geld schnell zu besorgen. Bis zur Beschaffung dieser Schnur...

Ja, auch das will durchdacht sein: Was macht man, falls der Druck groß ist, aber die Geschäfte gerade geschlossen haben?

...bis zur Beschaffung dieser Schnur, hätte sich der Kläger beispielsweise seines Hosengürtels bedienen können...

Die Schnur brauchen wir also nur noch, um den Sack zuzumachen und zwar in folgendem, brillantem Finale:

...denn dieser Hosengürtel wurde in seiner ursprünglichen Funktion in dem Augenblick sicher nicht benötigt.

Sinnlose Klage mittels juristischer Logik vorbildlich entkernt, ausgebeint und filetiert: Besser geht's nicht.[19]

Juristische Logik

Es GIBT BEKANNTLICH zwei Arten von Logik. Erstens, die aristotelische Logik. Sie umfasst zwei Prämissen und einen logischen Schluss. Also ungefähr folgendermaßen:

PRÄMISSE 1: *Alkoholikern nimmt man den Führerschein weg.*
PRÄMISSE 2: *Elektroautos darf man ohne Führerschein fahren.*
LOGISCHE SCHLUSSFOLGERUNG: *Alle Elektroautofahrer sind Alkoholiker.*

Kleiner Schwachpunkt: Nach derselben Logik sind auch alle Fußgänger Alkoholiker. Aber das sind Haarspaltereien.
Und dann gibt es da noch die juristische Logik.
Nehmen wir zur Anschauung das Schuldrechtmodernisierungsgesetz und folgende Situation: Sie kaufen einen gebrauchten VW-Golf. Der Autohändler aber liefert Ihnen

versehentlich einen neuen BMW. Sie werden sagen: Gut, das ist eben eine Fehllieferung. Aber hier greift nun brillanteste juristische Logik nach folgendem Schema:

> *Es wurde ein Kaufvertrag über einen Golf abgeschlossen.*
> *Es wurde ein BMW geliefert.*
> *Folgerichtig ist der gelieferte BWM kein BMW, sondern ein mangelhafter Golf.*

Haben Sie das verstanden? Alle? Zur Sicherheit noch ein Beispiel:
Wenn Sie im Restaurant eine Pizza bestellen und bekommen aus Versehen ein Fünf-Gänge-Menü, dann ist das kein Fünf-Gänge-Menü, sondern eine mangelhafte Pizza. Ist doch ganz einfach.
Es ist immer dieselbe juristische Gleichung: Wenn a^2 bestellt und b^2 geliefert, dann b^2 nicht b^2, sondern mangelhaftes a^2. Ist doch logisch.
Das erinnert ein bisschen an die Weimarer Tierschutzverordnung nach Tucholsky: Hunde im Sinne des Gesetzes sind Katzen. Sicher, danach kräht heute kein Hamster mehr. Und er gackert auch nicht.
Damit zur gerichtlich festgelegten Unterscheidung zwischen Konversations- und Legegegacker. Auch hier wird geurteilt. Der Bundesgerichtshof sagt:
Konversationsgegacker ist eher unbetont gleichförmig: gack-gack-gack-gack-gack.

Das kann alles Mögliche bedeuten, normale Hühnerge-
spräche eben: »Der Hof ist zu klein ... der neue Hahn ist
ein Arsch ... gack-gack-gack-gack-gack...« Das ist Konversationsgegacker.

Legegegacker hingegen, urteilt der BGH weiter, hat eine
»triumphale Betonung auf dem ersten Gack.« Also:
»GACK!-gack-gack-gack-gack.« Es ist ein »GACK« mit
– Zitat – »Ankündigungscharakter«. Ein Eier legendes
Huhn betont stets auf dem *ersten* Laut. GACK!-gack-gack-
gack-gack! Wie beim Menschen ja auch, wenn er was ge-
leistet hat: »GUCKT da endlich einer?!« » LACHT da endlich jemand?!« »GACK!-gack-gack-gack-gack?!«

Diese Unterscheidung ist in der Praxis ungemein wichtig:
Wenn jetzt – und darum ging es in dieser richterlichen Entscheidung – ein Tierstimmenimitator für einen Nudel-
werbespot Legegegacker imitiert, in den Nudeln aber
keine *Frisch*eier drin sind, dann ist das Legegegacker irre-
führende Werbung.[20]

Juristische Höchstleistungen
Teil 4

ZUNÄCHST EIN KURZER SCHWENK auf § 16 Luftfahrtverordnung:

§ Zum Abfeuern von Seenotraketen bedarf es keiner behördlichen Genehmigung.

Das hat der Gesetzgeber fein erkannt! Gerade wenn man im Pazifik verschollen oder auf einer einsamen Insel gestrandet ist, kann es den Bergungsprozess bisweilen entscheidend verzögern, wenn man vor Abschuss der Rettungsrakete noch rasch zur nächsten Behörde rudern muss.

Auch die Feststellung des BGH aus dem Frühjahr 2003 möchte man nicht missen:

§ Ein Bankschließfach ist keine Wohnung.

Das hatten wir schon immer geahnt, zumal das AG Wiesbaden ja bereits 1978 herausgefunden hat, dass es sich bei einer Badewanne ebenfalls nicht um eine Wohnung handelt.

Es sind hochsensible Themen, die Gerichte zu bearbeiten haben. So befasst sich etwa das OVG Nordrhein-Westfalen mit Muslimen auf dem Betriebsausflug:

§ Einer Muslimin kann die Teilnahme am Betriebsausflug nicht zugemutet werden, denn die islamischen Rituale sind der bereits Krankheitswert besitzenden Situation einer partiell psychisch Behinderten vergleichbar.[21]

Na endlich sagt's mal jemand! Aber andererseits: Kein Wunder, dass die Weltwirtschaft gelegentlich schwächelt, wenn allein das OVG NRW auf einen Schlag über eine Milliarde Menschen krankschreibt.

Das ist jetzt natürlich eine spezifisch islamische Problematik, die speziell deutschen Probleme sind aber auch nicht gerade einfach! Denn beachten wir hierzu das arbeitsrechtliche Grundsatzurteil:

§ Einer Sekretärin kann nicht gekündigt werden, weil sie sich weigert, während der Arbeitszeit ihrem Vorgesetzten ein Zäpfchen einzuführen.[22]

Liebe Sekretärinnen, Vorsicht, wenn Ihr neuer Chef sagt: »Bleiben Sie nach Dienstschluss noch bisschen hier, wir machen einen kleinen Einführabend.«

Das sind die Urteile, die den Beruf »Jurist« so attraktiv machen. Sekretärinnen vor Zäpfcheneinführen schützen und dabei noch gutes Geld verdienen.

Im Vordergrund steht natürlich das Gute, Wahre, Schöne, nicht das schnöde Geld. Das ist im RechtsanwaltStandesOrdnungGesetz festgeschrieben: »Der Anwalt strebt nicht nach Gewinn.«

Der entscheidende Terminus ist: Gewinn. Denn Gewinn, das ist beim Selbstständigen das zu versteuernde Einkommen. Also heißt der Satz eigentlich richtig: »Der Anwalt strebt nicht danach, Einkommensteuer zu bezahlen.«

Und damit so was auf keinen Fall vorkommt, muss der Anwalt notgedrungen zu windigen Steuersparmodellen Zuflucht nehmen. Denn wenn Gefahr droht, dass Einkommenssteuer bezahlt werden muss, gerät der Anwalt in Konflikt mit der Standesordnung. Das Resultat ist die höchst widerstrebende Hinwendung des Anwalts zu obskuren Schiffsbeteiligungen und zwielichtigen Abschreibungsfirmen.

Ein Anwalt hat es wirklich nicht leicht. Er lebt von einem hohen Ideal. Er hat Jura studiert, um die unschuldig Verfolgten zu beschützen. Dann wacht er am Schreibtisch auf. Und vor ihm liegt das Beamtenrecht.

Recht und tote Beamte

DEN WICHTIGSTEN PARAGRAFEN hierzu entnehmen wir
dem § 26 Reisekostenrecht NRW:

§ Stirbt ein Beamter während einer Dienstreise, so ist
die Dienstreise beendet.

In der Tat gestaltet sich die Fortführung einer Dienstreise
für einen Verstorbenen äußerst schwierig. Denn bereits relativ einfache Vorgänge, wie zum Beispiel einen vormittäg-
lichen Kongress zu besuchen, werden schwer durchführbar,
sofern man gerade tot im Hotelzimmerbett liegt. Ein be-
amtenrechtlich übrigens sehr unangenehmer Zustand, wie
wir in folgender Bestimmung erfahren:

§ Der Tod ist die höchste Stufe der Dienstunfähigkeit.[23]

Der deutsche Beamte muss bewundert werden! Schon dafür,
dass er klaglos erduldet, wie der Gesetzgeber einen unfrei-

willig komikgetränkten Sargnagel nach dem anderen in seinen Schreibtisch hämmert. Das nötigt Respekt ab! Er nimmt hin, was nicht zu ändern ist. Hauptsache, es ist geregelt:

§ Der Arbeitsvertrag endet mit dem Tod des Beamten. Einer Kündigung bedarf es nicht. Für eine Kündigung fehlt es in diesem Fall auch an einem Kündigungsempfänger.[24]

Nicht nur für Beamte gilt übrigens: Wer ohne zwingenden Grund länger als fünf Jahre von Arbeitsplatz und Familie fernbleibt, wird für tot erklärt. Für den Toterklärten hat dies den Vorteil, dass mit seinem Erscheinen bei Firmenjubiläen und Verwandtschaftstreffen nicht mehr zwingend gerechnet wird.

Die Erklärung des Todes erfolgt durch das zuständige Gericht. Es prüft sicherheitshalber einschlägige Polizeiberichte und fordert die Familie auf, nochmals gründlich in den Schränken nachzuschauen. Führt beides nicht zum Erfolg, wird der Verschollene für tot erklärt.

Taucht der Verschollene nach seiner Toterklärung wieder auf, muss er gemäß Verschollenheitsgesetz gegenüber dem Ordnungsamt Gründe für sein Verschwinden benennen. Also »Gedächtnisverlust«, »im Einkaufszentrum verlaufen«, »Uhr stehen geblieben« und dergleichen. Für verschollene Ohnbeiner gelten Sonderregelungen.

Aber nun wird es Zeit, dass wir uns den juristisch wirklich herausragenden Dingen zuwenden. Wir kommen daher zum Strafgesetzbuch. Das StGB versammelt alles, was man über Kriminalität und Kriminelle wissen muss. Aus dem genauen Studium missratener Lebensläufe wissen wir: Kriminelle sind Menschen mit einem räuberischen Charakter und dem fehlenden Eigenkapital, um eine Bank zu gründen. Für Nichtjuristen ist das Strafgesetzbuch eine einzige Enttäuschung. Ein Verbrechen nach dem andern, und zum Schluss erfährt man nicht, wer's war.

Das Strafgesetzbuch

ZUNÄCHST EINMAL GRUNDSÄTZLICH: Begehen Sie niemals nur eine einzige Straftat. Lieber mehrere auf einmal. Das gibt dem Anwalt Verhandlungsmasse.

Aber Obacht! Bei schweren Straftaten wird das Bundesverdienstkreuz aberkannt, ebenso alle anderen Auszeichnungen: Eisernes Kreuz 1. Weltkrieg, Eisernes Kreuz 2. Weltkrieg, Tapferkeitsmedaille und natürlich: das Seepferdchen! Das Seepferchen, also 25 Meter weit schwimmen ohne Aufblasflügelchen. Das ist dann weg! Das schneidet der Richter persönlich aus der Badehose raus!

Nein, Quatsch. Das stimmt nicht. Das Seepferdchen nimmt niemand weg. Bei keiner Straftat. Selbst bei Doppelvölkermord darf man sein Seepferdchen behalten.

Das passive Wahlrecht verliert man allerdings. Wer eine Bank überfällt, darf fünf Jahre lang nicht mehr für den Bundestag kandidieren. Kandidieren! Wählen schon. Das *aktive* Wahlrecht geht nur bei eher exotischen Straftaten verloren: friedensgefährdende Beziehungen, Agententätigkeit, Sabotage. Nur, wer so etwas macht, mit dem hat der Bundestag stimmrechtliche Berührungsängste.

Zusammenfassend lässt sich sagen: Wer eine Bank überfällt, darf nicht mehr in den Bundestag. Wer einen Politiker erwürgt, darf weiterwählen.

Es tut mir leid, aber das klingt wie eine Belohnung.

Ein weiterer wichtiger Paragraf im StGB ist § 80:

§ Mit lebenslanger Freiheitsstrafe wird bestraft, wer einen Angriffskrieg vorbereitet.

Aufgemerkt! Das ist verboten! Sagen wir, Leser X möchte heute Abend noch Österreich überfallen. Sein Nachbar jedoch bemerkt den Truppenaufmarsch im Garten. Da kommt die Polizei: Ja was ist denn das?

Mehr als sechzig Jahre nach Kriegsende sitzen Millionen Deutsche scheinbar brav vor dem Fernseher, sind aber nach Meinung des Gesetzgebers ungebrochen angriffslustig. Was jeden unter uns vom sofortigen Angriff auf Österreich abhält, ist eigentlich nur § 80 StGB. Unterschwellig wollen alle Deutschen immer noch das Ausland überfallen. Nur nicht der Bundespräsident. Der muss daheim bleiben, damit er zur Sache vernommen werden kann (Vergleiche § 49 Strafprozessordnung: »Der Bundespräsident ist in seiner Wohnung zu vernehmen«).

Natürlich möchte niemand in Österreich einmarschieren.

Schon deshalb nicht, weil es dort so seltsame Paragrafen gibt wie den § 929 des österreichischen BGB:

§ Ein Dieb kann den Bestohlenen nicht verklagen, wenn die gestohlene Sache Mängel aufweist.

Das Strafgesetzbuch ist ein sehr kompaktes Werk. Mietwucher, Konkursbetrug, Mädchenhandel, Brandstiftung – es ist für jeden etwas dabei. Wir leben in einem freien Land – suchen Sie sich einfach das Verbrechen aus, das zu Ihnen passt: Körperverletzung, Volksverhetzung, Unfallflucht, Drogensucht, Bankraub, Meineid, Wilderei, Beleidigung der Polizei, Bandenbildung, Korruption, Schweinereien durchs Telefon, Angriffskrieg in Friedenszeiten, unerlaubtes Glockenläuten ...

Die Verbrechen sind zahllos; keiner muss zu kurz kommen, es reicht wirklich für alle.

Gestatten Sie mir, dass ich nicht den unbescholtenen Bürger in Ihnen anspreche, sondern das potenziell straffällige Individuum. Werden Sie sich bewusst, dass Sie jederzeit fähig sind, eine Straftat zu begehen. Es ist jetzt nur die Frage, wann, wo und auf welchem Level Sie einsteigen möchten.

Ein einfacher Strafzettel war für manchen schon der Einstieg zum kompletten Ausrasten.

Man kann auch mit einem kapitalen Steuervergehen anfangen und sich dann langsam in die FDP-Spitze hocharbeiten. Diese Entscheidung bleibt letztlich Ihnen überlassen. Gut ist es, erst mal bei sich zu Hause zu üben. Die Paragrafen 185 bis 188 kämen da in Betracht: Beleidigung, üble Nachrede und Verunglimpfung des Andenkens Verstorbener.

Diese Straftaten lassen sich in den eigenen vier Wänden relativ gefahrlos begehen. Sie riskieren nichts, bekommen aber schon mal dieses prickelnde Gefühl der gesetzeswidrigen Handlung.

Ich möchte an dieser Stelle einem weit verbreiteten Missverständnis entgegentreten. Viele Deutsche leben in der völlig irrigen Annahme, es sei hierzulande nicht erlaubt, ein Verbrechen zu begehen. Diese Annahme ist unrichtig.

Das Verbrechen ist keineswegs verboten, es hat nur seinen gesetzlich vorgeschriebenen Preis. Der Gesetzgeber sagt in Form einer unverbindlichen Preisempfehlung: Die und die Straftat kostet so und so viele Jahre Gefängnis.

Wir nun wollen uns eine etwas verbraucherfreundlichere Sichtweise aneignen. Wir wollen eine Straftat begehen, Körperverletzung zum Beispiel, was kostet das? Schlag nach im Strafgesetzbuch: Aha, drei Jahre Maximum – gut, das ist es uns wert!

Wir fragen nun nicht: Für welche Straftat gibt es wie viel Gefängnis?

Uns interessiert einzig: Für wie viel Gefängnis bekommen wir welche Straftat?

Ich würde vorschlagen: Schaun mer mal!

Beginnen wir im kleinen Rahmen. Sagen wir, wir sind bereit, in ein Verbrechen zwölf Monate Gefängnis zu investieren. Der Gesetzgeber bietet uns zu diesem Preis Verstöße gegen folgende Paragrafen an, wir haben die freie Auswahl:

§ 265a: Wiederholtes Schwarzfahren

§ 327: Unerlaubtes Betreiben eines Kraftwerks

Diese beiden Straftaten werden vom Gesetzgeber als gleich schwer betrachtet. Uns hingegen fällt die Entscheidung leicht: Wir nehmen den unerlaubten Kraftwerksbetrieb, kommen aber mit einer traditionell glimpflichen Geldstrafe davon, werfen nun die nicht abgeholten zwölf Monate in den Jackpot und verdoppeln den Einsatz: 24 Monate. Was bietet uns der Gesetzgeber für zwei Jahre Gefängnis? Schlag nach im Strafgesetzbuch:

§ 104: Verletzung von Flaggen ausländischer Staaten

§ 113: Widerstand gegen Vollstreckungsbeamte

Ich denke, wir sind uns darin einig: Zwei Jahre Haft für solche Bagatellen, das ist kein reelles Preis-Leistungs-Verhältnis!

Deswegen investieren wir zusätzlich noch einmal zwölf

Monate und lassen uns überraschen, ob der Gesetzgeber hierzu ein etwas überzeugenderes Angebot bereithält. Mit bis zu drei Jahren Haft werden Verstöße geahndet gegen die Paragrafen

§ 86: Verbreitung von Propagandamitteln verfassungsfeindlicher Organisationen;

§ 166: Störung des religiösen Friedens;

§ 310.1.4: Vorbereitung eines Explosions- oder Strahlenverbrechens.

Auch diese drei Straftaten werden vom Gesetzgeber als absolut gleichrangig angesehen. Wir jedenfalls haben wieder die freie Auswahl, nehmen die Störung des religiösen Friedens, geraten aber nach Nordrhein-Westfalen und werden vom dortigen Oberverwaltungsgericht krankgeschrieben.[25] Jetzt werden wir langsam trotzig! Wir wollen hier nicht ständig Zeit geschenkt bekommen! Wir wollen endlich ins Gefängnis! Deswegen greifen wir zum jetzt einfachsten Mittel und zeigen uns wegen Steuerhinterziehung an.

Aber dieser Paragraf wurde im Zuge der abgrundtief leeren Staatskasse hinter unserem Rücken geändert und lautet jetzt:

Nennen Sie uns einen Steuerhinterzieher, und gewinnen Sie eine Reise auf die Balearen.

Es muss Geld reinkommen, und es muss gespart werden. Deswegen: Gehen wir ins Gefängnis, solange wir es noch nicht selber bezahlen müssen.

Wir haben momentan circa 70.000 Häftlinge, und jeder kostet den Staat im Schnitt 110 Euro am Tag. Das kann sich der Staat nicht mehr leisten. Er braucht entweder Selbstbeteiligung bei den Gefängniskosten oder wesentlich weniger Häftlinge. Ja, die sorglosen Tage des unbeschwerten Einsperrens sind endgültig vorbei. In den goldenen 60er-Jahren, da hätten wir locker eine Million Leute einsperren können. Das Geld war da. Aber der politische Wille hat gefehlt!

Die entscheidende Frage heute ist: Können wir es uns finanziell noch leisten, Mord und Totschlag zu verbieten? Denn mit jedem Mörder, den der Staat laufen lässt, spart er 100.000 Euro. Bei tausend freigelassenen Mördern könnte der Rentenbeitragssatz bereits um 0,2 Prozentpunkte gesenkt werden!

Derlei gilt es abzuwägen in konjunkturell schwachen Zeiten.

Die Königsdisziplin im Strafgesetzbuch

Die Königsdisziplinen im Strafgesetzbuch sind die Paragrafen 211 und 212. Mord und Totschlag. Zwei verschiedene Straftatbestände. Gut, für den Betroffenen ist es ein und dasselbe. Der Gesetzgeber hingegen unterscheidet hier sprachlich doch sehr filigran:

§ Totschläger ist, wer einen Menschen tötet, ohne Mörder zu sein.

Der Unterschied zwischen Totschlag und Mord ist recht simpel: Totschlag ist ein typisches Schlechte-Laune-Delikt, zum Beispiel wenn man wegen einer zu heißen Suppe im Restaurant ein Blutbad anrichtet. Etwas für Choleriker also:

Ich sehe Männer mit Äxten
und eisig kaltem Blick,
die lieben nicht den Nächsten,
und wenn, dann nicht am Stück.

Von Mord dagegen spricht man immer dann, wenn die Tat lange geplant und mit viel Liebe zum Detail vorbereitet wurde. Das wird deutlich härter bestraft als Totschlag. Aber Sie hatten ja auch länger Freude dran.

Mord ist keine allzu hübsche Angelegenheit, dennoch muss er sein, weil sonst gewisse Leute einfach nicht begreifen, dass man sie nicht mag.

Auf Mord steht in Deutschland theoretisch Lebenslänglich. In der Praxis sieht die Urteilsfindung wie folgt aus:

Der Staatsanwalt sagt: Fünfzehn Jahre. Der Verteidiger sagt: Freispruch. Dann sagt der Gutachter: Eher zwanzig Jahre, und der Gegengutachter sagt: Auf keinen Fall mehr als zehn. So geht das oft monatelang hin und her, und deswegen hat der Richter einen Hammer, damit er die Versteigerung beenden kann.[26]

Wenn wir schon bei diesem heiter-makabren Thema sind, schauen wir uns dazu noch rasch ein paar periphere Exoten an:

Da kommen wir nun zu meinem persönlichen Lieblingsgesetz, dem Leichenbeförderungsgesetz. Die entscheidenden Paragrafen sind:

§ 11: Um eine Leiche zu befördern, bedarf es einer zuverlässigen Person.

§ 18: Um ein Skelett zu befördern, muss die Person nicht zuverlässig sein.

Mit einem Skelett kann man's ja machen, oder was? Da sagt sich das Skelett: Jetzt hockt zum Schluss auch noch ein unzuverlässiger Kerl bei mir im Auto.

Aber das heißt natürlich auch im Umkehrschluss: Geraten Sie mit einem Skelett in eine Polizeikontrolle, sieht es verdammt schlecht für Sie aus. Haben Sie hingegen eine Leiche dabei, werden Sie als zuverlässige Person freundlich durchgewunken.

Deswegen sollte man auf größere Reisen niemals ohne einen frisch Verstorbenen im Gepäck gehen. Der kann den Reisepass ersetzen. Man darf nur nicht allzu lange wegbleiben, sonst bleibt einem auf der Rückreise auch das Skelett an der Grenze hängen.

Von allergrößter Wichtigkeit ist auch § 87 StGB:

§ Zur Besichtigung einer schon beerdigten Leiche darf diese ausgegraben werden.

Dieser Paragraf steht in harmonischstem Einklang mit den Gesetzen der geologischen Optik, welche unter anderem besagen, dass man durch zweieinhalb Meter Erde nicht so ohne Weiteres durchgucken kann.

Gut, dass wir das jetzt schriftlich haben.

Und zum Abschluss noch § 88 Strafprozessordnung. Auch schon nahezu ein Klassiker der makabren Fröhlichkeit:

§ Ist in einem Mordfall ein Beschuldigter vorhanden, so
ist ihm die Leiche zur Anerkennung vorzulegen.

Zur Anerkennung! Respekt!

Straffreier Kannibalismus

FOLGENDER FALL: Einem Leser haben meine Pointen nicht gefallen. Dieser Leser ist cholerisch veranlagt, lauert mir vor meinem Haus auf, stößt mir in erfolgreicher Tötungsabsicht circa fünfzehn Mal ein Messer in den Rücken und lässt es stecken. Allerdings hat unser Leser sich das Messer zuvor bei einem Nachbarn ausgeliehen. Frage: Kriegt der Nachbar sein Messer zurück, oder dürfen meine Erben es behalten?

Das sind die juristisch interessanten Fragen!

Ein anderer Fall:

Vier Personen gehen gemeinsam auf ein Gläschen ins nahe gelegene Wirtshaus. Es sind dies die Damen A, B und C sowie Herr D.

Wenn jetzt Frau A Frau B in Tötungsabsicht Gift ins Glas schüttet, nun aber der danebensitzende Herr D versehentlich das Glas austrinkt, deswegen seitlich umkippt und dabei ein Glas Rotwein verschüttet, das nun Frau Cs Kleid verunreinigt, weswegen das Kleid in die Reinigung muss, und wenn in der Reinigung gemurkst wird und das Kleid zwei Nummern kleiner zurückkommt – ist daran Frau A schuld? Juristisch hoch kompliziert!

Jetzt werden aber einige natürlich sagen: Moment! Das Glas umgestoßen hat doch der Vergiftete.

Sicher, aber der ist ja schon gestraft genug! Um den müssen wir uns auch juristisch nicht mehr kümmern, denn:

> *Ist dein Körper steif und kalt,*
> *brauchst du keinen Rechtsanwalt.*

Nun bricht in der Folge dieser Geschehnisse im Wirtshaus ein Tumult aus. Das ist ein Verstoß gegen die Sicherheitsvorschriften: Panik nur nach Aufforderung durch das Wirtspersonal!

Juristisch greift in diesem Fall § 34 StGB: Rechtfertigender Notstand. Dieser Paragraf definiert eine juristische Situation, die es uns erlaubt, Gesetze zu übertreten, um ein höheres Gut zu retten.

Das bedeutet, dass zum Beispiel ein Ehegatte einen anderen Zuschauer niedertrampeln darf, um seine Frau zu retten. Oder: Sie dürfen bei einer Panik Ihren Schwager umtrampeln, um Ihren Großvater zu retten. Denn der steht Ihnen verwandtschaftsrechtlich wesentlich näher.

Und das heißt natürlich: Sofern genügend direkte Blutsverwandtschaft anwesend ist, darf die Schwiegermutter jederzeit straffrei erlegt werden.

Das notstandsrechtliche *Endstadium* wäre aber fraglos eine Verwandtschaftsgruppe auf hoher See im Rettungsboot.

Nach drei Tagen sind sämtliche Nahrungsmittelvorräte restlos aufgebraucht.

Wir wissen bereits: Umfasst unsere Gruppe mehr als 24 Personen, dann muss laut Schifffahrtsgesetz ein Arzt anwesend sein. Der ist mit unserer Gruppe weder verwandt noch verschwägert und darf deswegen als Erstes angeknabbert und aufgegessen werden. Und danach regelt der Verwandtschaftsgrad die weitere Speisenfolge.

Das ist rechtlich alles aufs Wundervollste geregelt; ich sehe da eigentlich nur ein einziges Problem: Darf man dem letzten Überlebenden mit 24 Skeletten im Boot – oder gut, sagen wir 23,5, falls ein Ohnbeiner dabei war –, mit *fast* 24 Skeletten, darf man einer *derart* unzuverlässigen Person in irgendeinem Hafen eine Landegenehmigung erteilen?

Nein, ich befürchte, da heißt es für unseren Überlebenden: wieder hinaus aufs weite Meer und hinein ins kühle Seemannsgrab. Und das bedeutet, er kommt leider nicht in den Genuss der deutschen Friedhofsverordnung, welche ja in ihrer wichtigsten Bestimmung besagt, dass aus Stabilitätsgründen einmal pro Jahr am Grabstein gerüttelt werden muss.

Und dies natürlich insbesondere dann, wenn der Grabstein verrückt geworden ist.

Fußnoten

1. Man glaubt ja nicht, wie rasch einen die Realität bisweilen überholt. Der satirische Vorschlag »Ben Becker liest das BGB« erschien erstmals in der Hardcover-Ausgabe dieses Buches. Das war am 1. März 2010. Circa sechs Monate später erschien im C.H.-Beck-Verlag eine Hör-CD: Das BGB. Gelesen von – nicht Ben Becker – aber Christoph Maria Herbst. Ohne einen einzigen witzigen Kommentar, nur Paragrafen vorgelesen. Sie sollten diese CD übrigens NICHT kaufen! Sie ist trostlos und 100 % humorfrei. Das war ja der Witz an meinem Vorschlag, Herrschaft nochmal! Das ist die gerechte Strafe für Ideenklau.
2. AG Frankfurt a. M., FVE ZiVR Nr. 218
3. LG Frankfurt a. M., NJW-RR 1987, 368
4. AG Düsseldorf, 19.1.1999, 38 C, 18499/97
5. LG München I, 23.4.1986, 31 S. 20927/85
6. AG Hamburg, RRa, 1994, 79
7. AG Düsseldorf, 48 C 13671/98
8. AG Frankfurt a. M. 30 C 4289/85–45
9. AG Frankfurt a. M. 30 C 1379786–45
10. LG Hamburg, NJW-RR, 1993, 1465: Null Prozent Minderung. Aber: AG Düsseldorf: 40 Prozent!
11. NJW, 1990, S. 2212
12. Gut, diese Zahl ist anfechtbar, denn ich habe sie persönlich zwischen dem dritten Weißwein und Mitternacht erfunden. Es handelt sich dabei aber um eine sozusagen gefühlte statistische Wahrheit, die voraussichtlich ihren Weg hinein in die offizielle Statistik finden wird. Derlei funktioniert durchaus. Gestatten Sie mir an dieser Stelle eine kleine Abschweifung.
    Ich habe im Mai 2000 erstmals folgende Passage zitiert, auf die ich zufällig in einem Büchlein mit Minimalauflage gestoßen war: »Die

Zehn Gebote haben 179 Wörter. Die amerikanische Unabhängigkeitserklärung hat 300 Wörter. Und die EU-Verordnung über die Einfuhr von Karamellbonbons hat 23.911 Wörter.«

Soweit dieser Passus. Ich habe das irgendwann Jahre später recherchiert, mit folgendem Ergebnis: Weder haben die Zehn Gebote 179 Wörter (es sind 63), noch hat die amerikanische Unabhängigkeitserklärung 300 Wörter (es sind 1.322). Und die Karamellbonbonverordnung hat null Wörter, denn es gibt sie überhaupt nicht. Dennoch war nach der TV-Ausstrahlung meines Programms Folgendes zu beobachten: In – allein von mir – wahrgenommenen insgesamt drei Fernsehspielen und fünf Zeitungsartikeln tauchte diese Statistik auf. Sie kommt eben der allgemeinen Empfindlichkeit in Sachen EU schwer entgegen und wird daher als wahr empfunden.

13. NJW, 1983, 2456
14. Hessisches Landesarbeitsgericht vom 15. 11. 2006, 5 Ca 475/05
15. Sozialgericht Koblenz vom 28. 5. 2008, S 11 AS 317/05
16. StVO § 47.2.2
17. Der Dialog soll übrigens noch weitergegangen sein. Die Dame rief: »Mister Churchill, Sie sind ja betrunken!« Und Churchill hierauf: »Und Sie sind hässlich. Aber ich bin morgen früh wieder nüchtern.«
18. NJW 1996, 2245
19. NJW 1995/884
20. BGH GRUR 1961, 544f
21. OVG NRW, Beschluss vom 17. 1. 2002, 19 B 99/02
22. Hierzu habe ich leider keine Quelle. Mehrere Juristen haben mir gegenüber aber sehr glaubhaft versichert, dass dieses Urteil existiert.
23. Zitiert aus: Unterrichtsblätter für die Bundeswehrverwaltung
24. BAT 2.2 Tod des Arbeitnehmers
25. Vergleiche Kapitel Juristische Höchstleistungen, Teil 4
26 Allerdings nur im angelsächsischen Recht. Deutsche Richter haben keinen Hammer.

Nachbemerkung

DIE DREI MEISTGESTELLTEN FRAGEN an Kabarettisten nach der Vorstellung lauten:

1. Können Sie davon leben?
2. Was machen Sie tagsüber?
3. Wo nehmen Sie die Ideen her?

In meinem Fall kommt regelmäßig noch eine vierte Frage hinzu: »Haben Sie Jura studiert?«
Die Antwort: Nein! Keinen Tag.
Was beim Schreiben aber sehr geholfen hat, war die Frage Nummer fünf:
»Ich hatte neulich ein sehr heiteres juristisches Erlebnis. Darf ich Ihnen mal was schicken?«
Die Antwort: Ja! Sehr gerne!
Wenn Sie also beim Projekt »Lachen über die Justiz« mitmachen möchten, hier die Adresse:
werner.koczwara@t-online.de

Und damit nun zu jenem Satz, mit dem ich seit Jahren jedes meiner Bühnenprogramme beende, und der nun auch dieses Buch beschließen soll:

So leise und verhalten möge dieser Beitrag nun sein wohlverdientes Ende finden. Und wenn es mir gelungen sein sollte, auch nur sieben Milliarden Menschen ein klein wenig nachdenklich gemacht zu haben, so soll es mir die Mühe wert gewesen sein.

Zugabe:
Überfall

EIN HERR IM ANZUG SITZT AUF EINER PARKBANK. Ein weiterer Herr im Anzug, der Räuber, setzt sich neben ihn.

RÄUBER: Schönen guten Tag, das ist ein Überfall.

MANN: Ein Überfall, so, so.

RÄUBER: Ein Überfall, genau. Wenn Sie mir bitte daher rasch Ihre gesamte Barschaft herüberreichen möchten.

MANN: Guter Mann, haben Sie da nicht etwas vergessen? Wo, bitte schön, ist denn Ihre Pistole?

RÄUBER: Hab ich hier in der Jackentasche, ehrlich.

MANN: Die würde ich dann ganz gerne mal sehen.

RÄUBER: Wozu? Könnte ja eine Attrappe sein.

MANN: Hmm. Da haben Sie natürlich irgendwo recht.

RÄUBER: Sehen Sie.

MANN: Moment. Sie können ja einfach mal so in die Luft feuern.

RÄUBER: Sicher. Könnte dann aber immer noch eine Schreckschusspistole sein.

MANN: Gut. Trotzdem würde ich jetzt ganz gern Ihre Pistole sehen.

RÄUBER: Warum?

MANN: Aus Prinzip.

RÄUBER: Sie glauben mir also nicht?

MANN: Die Pistole bitte.

RÄUBER: Hören Sie. Vor uns liegt eine größere finanzielle Transaktion. Ein bisschen Vertrauen schadet da nicht.

MANN: Trotzdem.

RÄUBER: Kommt überhaupt nicht in Frage. Wenn ich jetzt das Ding raushole, löst sich eventuell versehentlich ein Schuss und – bumms – sind Sie mausetot.

MANN: Mausetot?

RÄUBER: Das kann schon passieren. Sie sehen, dass ich Sie ohne Pistole überfalle, dient allein Ihrer Sicherheit.

MANN: Hmm. Das erste Argument, das mich einigermaßen überzeugt. Also, damit wir das Wesentliche nicht aus den Augen verlieren: Das ist ein Überfall.

RÄUBER: So viel steht fest. Ich überfalle Sie gerade.

MANN: Und wie gehen wir weiter vor?

RÄUBER: Sie geben mir Ihr Bares, und der Vorfall ist erledigt.

MANN: Bargeld? Auf keinen Fall. Wenn Sie mir Ihre Pistole nicht zeigen, kann ich Ihnen maximal einen Scheck ausstellen.

RÄUBER: Kommt nicht infrage. Woher weiß ich denn, dass der gedeckt ist?

MANN: Ein bisschen Vertrauen in finanziellen Fragen …
Sie wissen schon. Also, ich stelle Ihnen einen Scheck über,
sagen wir … (will sich in die Jackeninnentasche greifen)
RÄUBER: Finger weg! Woher weiß ich denn, dass Sie keine
Pistole da drin haben?
MANN: Ich habe keine Pistole.
RÄUBER: Das sagen *Sie*! Dann greifen Sie rein und –
bumms – bin ICH mausetot!
MANN: Aha. Also, Sie wollen mich nicht ordentlich über-
fallen, und ich darf Ihnen keinen Scheck geben.
RÄUBER: Zu unserer eigenen Sicherheit. Genau.
MANN: Das ist jetzt irgendwie eine recht bizarre Situation.
(kurze betretene Pause)
Also, so kommen wir nicht weiter. Jetzt sagen Sie mal ganz
ehrlich: Haben Sie eine Pistole?
RÄUBER: Ganz ehrlich? Nein.
MANN: Sehen Sie. Jetzt haben wir wenigstens eine ehrliche
Geschäftsgrundlage. Passen Sie auf, wir machen das so: Sie
haben sich für diesen Überfall keine Pistole kaufen müssen,
und diese Einsparung geben Sie an mich weiter.
RÄUBER: Und wie soll das funktionieren?
MANN: Einen Raub in Höhe von 1000 Euro krieg ich bei
Ihnen für 800.
RÄUBER: Ich 800, Sie sparen 200 … Gut, hat jeder was
davon.
MANN: Das Problem ist nur: Ich hab gerade nicht so viel

dabei. Ich könnte allerdings heute Abend bei Ihnen daheim vorbeikommen und mich dort überfallen lassen.

RÄUBER: Nein. Die Kinder mögen es nicht, wenn ich zu Hause arbeite. Wie sieht es bei Ihnen morgen aus?

MANN: Morgen? Hmm. Das Arbeitsessen mit Kowalski, dann die Besprechung um 14 Uhr, anschließend der Termin bei der Buchhaltung – nein, morgen ist es schlecht.

RÄUBER: Und wenn Sie mir das Geld einfach überweisen?

MANN: Wenn Sie mir eine Rechnung schicken?

RÄUBER: Kein Problem. Zahlbar binnen zehn Tagen.

MANN: Mit zwei Prozent Skonto! Das muss klar sein.

RÄUBER: Selbstverständlich!

MANN: Hand drauf?

RÄUBER: Ehrensache! Und ich darf doch hoffen, dass Sie mich weiterempfehlen?

MANN: Mit dem allergrößten Vergnügen. Leute wie Sie müssen doch unterstützt werden. Sonst geht's in diesem Land bald zu wie in einer Räuberhöhle.

Der Autor: Werner Koczwara, Jahrgang 1957, ist seit 1983 auf den Kabarettbühnen der Republik zu Gast. 1989 wurde er mit dem »Salzburger Stier« ausgezeichnet, in den neunziger Jahren war er Chef-Autor für die ARD-Shows »Spott-light« und »Verstehen Sie Spaß« sowie für die »Harald-Schmidt-Show«. Sein Programm »Am achten Tag schuf Gott den Rechtsanwalt« ist ein Dauerbrenner und wurde bisher mehr als 500mal aufgeführt.